VIE

DE

MADAME MIQUEY

ET

SOUVENIRS DE MULHOUSE

PAR

L'ABBÉ JULES WAGNER

AVEC INTRODUCTION

DU R. P. JOSEPH

MULHOUSE

F. GANGLOFF, ÉDITEUR

PLACE DE LA PAIX

1891

VIE

DE

MADAME MIQUEY

Madame Miquel.

VIE

DE

MADAME MIQUEY

ET

SOUVENIRS DE MULHOUSE

PAR

L'ABBÉ JULES WAGNER

AVEC INTRODUCTION

DU R. P. JOSEPH

MULHOUSE

F. GANGLOFF, ÉDITEUR

PLACE DE LA PAIX

—

1891

PRÉFACE

Lorsque, il y a cinq ans, une mort trop prématurée enleva Mme Miquey à sa famille, à ses amis et aux œuvres nombreuses dont elle était la généreuse bienfaitrice, nous entreprîmes de rassembler les souvenirs qui se groupaient autour de cette vie si bien remplie, afin de les conserver vivants au milieu de ceux qu'elle avait édifiés par ses chrétiennes vertus et son héroïque charité.

Ce sont ces souvenirs que nous offrons aujourd'hui au public. Ils ne s'adressent pas seulement à nos compatriotes, qui aimeront à y retrouver la douce et souriante figure de celle que Mulhouse regrettera toujours; mais à tous ceux qui rendent hommage à ce qu'il y a de plus idéal et de plus sublime dans l'humanité : l'accomplissement simple et fidèle du devoir. La femme d'élite dont nous racontons la vie n'a jamais cherché autre chose; sa devise était : *Toujours et avant tout le devoir, mais le devoir complet.* Puisse ce grand exemple trouver dans l'armée du bien de nombreux imitateurs!

Raconter les hauts faits de la patrie était regardé par l'antiquité comme un devoir de filiale piété : *Pius est patriæ facta referre labor.* Mulhouse peut à juste titre être fière de Mme Miquey, et la placer au premier rang des plus illustres de ses citoyens. Il nous a été doux de mettre en lumière cette gloire de notre ville natale et de recueillir avec une filiale piété tout ce qui peut la conserver à la postérité. Il nous est doux encore de voir dans ces pages un suprême et respectueux hommage adressé à celle qui voulut bien nous honorer de son amitié et nous témoigner une affection toute maternelle.

Le concours obligeant de beaucoup de nos compatriotes nous a sensiblement facilité notre tâche d'historien; nous les prions de recevoir ici l'expression de notre profonde reconnaissance.

Paris, le 15 mars 1891.

INTRODUCTION

LETTRE DU R. P. JOSEPH A M. L'ABBÉ WAGNER,
CONCERNANT LA PUBLICATION D'UNE VIE DE Mme MIQUEY.

Orphelinat de Douvaine, le 15 janvier 1891.

MONSIEUR L'ABBÉ,

A une époque où un si grand nombre d'hommes deviennent femmes par l'égoïsme, la mollesse, l'absence des vertus religieuses et civiques, et où tant de femmes, chrétiennes jadis, deviennent païennes, par le contact d'une civilisation dégénérée, c'est un grand mérite à vous d'avoir mis en évidence la merveilleuse et sainte vie de Mme Miquey. Je ne me trompe pas en augurant d'un succès qui s'attache toujours à la prédication de l'exemple, quoique d'ordinaire on se base sur l'accomplissement de ses devoirs d'état, d'épouse et de mère, afin d'excuser la paresse, l'indifférence religieuse, la mondanité, voire même la lâcheté. Et voici que vous nous proposez une femme vivant dans le monde, jouissant des biens de la fortune, d'une situation honorable, et qui, tout en observant les lois de l'étiquette et des convenances, sans cesse en contact avec la société des mondains, laisse à tous l'exemple des plus hautes vertus comme épouse, comme mère et comme chrétienne.

Je ne me permettrai pas de redire ce que vous narrez si bien; mais comme toutes les pierreries qui enrichissent un écrin contribuent à son éclat, laissez-moi ajouter aux vôtres celles qu'apportent mes souvenirs personnels, heureux si mon témoignage peut corroborer l'autorité d'un livre dont le but est d'apprendre surtout aux femmes du monde quel apostolat fécond elles ont la puissance d'exercer, lorsqu'elles sont simplement chrétiennes et échappent à un courant qui est la plaie du christianisme, j'ai nommé la *religiosité*.

La *religiosité* n'est pas la religion ; elle n'en est que le semblant, elle n'est guère qu'un penchant qui incline l'âme à chercher des émotions dans les choses pieuses ; elle pourrait s'appeler la *religion poétique*. Par malheur les âmes qui se sont laissé envahir par cet *idéal religieux* s'imaginent être de *fortes chrétiennes ;* car elles s'enrôlent dans toutes les confréries, ne manquent ni instruction ni bénédiction ; mais elles n'acceptent aucune direction surnaturelle, et, selon le mot spirituel de saint François de Sales, « elles choisissent le confesseur dont elles peuvent diriger la direction » : elles prennent les moyens pour la fin.

La religion, c'est la foi, la charité, le dévouement. — La *religiosité*, c'est la fantaisie ; elle perd une femme en lui suggérant qu'elle sert Jésus-Christ tandis qu'elle ne suit que les caprices de sa sensibilité. — Elle discrédite la vraie piété, parce qu'elle fait rejeter sur les personnes vraiment religieuses les inconséquences de la fausse dévotion. Pour s'en garantir, il suffit de rester humblement à l'école de l'Église catholique. Alors la femme *fortement religieuse* devient fortement dévouée; même aux yeux des mécréants les plus sévères, elle s'élève aux proportions d'un caractère grand, respecté, aimé. Quel bonheur d'avoir pour épouse ou pour mère cette amie de Dieu, ce trésor de sages conseils, cet ange de charité et de paix!

Mme Miquey a été tout cela. J'étais bien jeune, lorsque je la vis pour la première fois; c'était en 1853, elle organisait une loterie au profit de la société de Saint-Vincent-de-Paul, dont j'étais membre. Déjà elle nous étonnait, nous autres jeunes hommes, par sa grande foi, ses enthousiasmes à servir les pauvres, le parfait oubli d'elle-même, et elle communiquait aux plus indifférents une ardeur qu'ils ne se connaissaient pas. Dieu seul sait le nombre d'âmes dont elle a orienté la vie vers le bien!

La vie catholique était loin, à cette époque, d'avoir conquis l'expansion qui depuis est devenue une indestructible force; on était entassé dans l'étroit sanctuaire appelé aujourd'hui l'église Sainte-Marie.

Cependant un apôtre édifiait alors Mulhouse par son éloquence, son zèle, ses vertus pastorales; j'ai le devoir de saluer ici la noble et douce figure de M. le chanoine Uhlmann, curé de l'unique paroisse Saint-Étienne.

Ce vaillant prêtre avait compris qu'avant la *basilique de pierres* dont il fut le créateur, — ce titre suffirait à ses mérites devant Dieu comme à sa gloire devant les hommes, — il fallait édifier la *basilique des âmes*. C'est lui qui a été l'inspiration et le ressort dans la fondation des Sœurs du Divin Rédempteur, la *Cénobie*, la société de Saint-Vincent-de-Paul. Je l'entendis plusieurs fois dans les réunions de la conférence; je me rappelle qu'il nous conviait déjà « à tenir d'une main l'instrument qui édifie le temple spirituel des âmes, de l'autre l'épée qui le défend ». Mme Miquey avait trouvé en lui le père spirituel, le conseiller, l'appui qui devait développer dans son âme les admirables qualités qui ont fait la force de sa mission; il est juste d'ajouter qu'il n'eut pas de fille plus docile ni plus dévouée.

C'est à cette époque aussi, si je ne me trompe,

que notre héroïne se jeta dans le plein d'un labeur qui n'a cessé qu'à sa mort. On a dit que le travail est une loi. « L'homme naît pour travailler, comme l'oiseau pour voler. » Et cette loi repose sur deux principes. L'un est notre nature active, intelligente, libre, comme aussi notre condition, qui nous place dans le temps pour que nous y progressions et obtenions par ce progrès notre perfection dernière. L'autre est la nécessité où la chute nous réduit de ne nous pouvoir relever qu'en expiant et de ne pouvoir expier qu'en souffrant. En tant qu'il est de l'exercice de nos puissances, le travail nous oblige à titre de créatures morales; en tant qu'il est pénible, il nous est commandé à titre de pécheurs. En travaillant comme créatures, nous imitons Dieu dans l'œuvre de la création; en travaillant comme pécheurs, nous imitons Jésus-Christ dans l'œuvre de la rédemption et du salut du monde. Que les femmes s'inspirent dans leurs labeurs par le souvenir assidu de ces grands dogmes de la foi, et on les verra accomplir leur tâche comme la femme forte dans l'éducation de leurs enfants, la direction de leurs serviteurs et de leur ménage, la gestion de leur fortune. Remplissant ainsi leur devoir de chrétiennes, elles acquitteront manifestement la double dette contractée par tout homme en naissant; elles pourront se rendre le témoignage « de ne point manger leur pain dans l'oisiveté [1] ».

Et pourtant, plus d'une fois, comme tous les saints, Mme Miquey se mettant à table me disait: « Je crains toujours de ne pas gagner le pain que je mange. »

Cette notion chrétienne du travail que nous venons d'exposer était embellie par une pureté d'intention que j'ai rarement rencontrée dans ma vie de prêtre: « Tout pour Dieu, et pour lui seul! » s'écriait-elle souvent. Ainsi s'expliquent les succès qui n'ont cessé de couronner son action charitable. Ce grand Dieu se fait le garant de ceux qui ne cherchent que lui.

Or des meilleures, parmi nos dames de charité, si elles sondent leur conscience, discerneront que le plus souvent la sensibilité, l'amour-propre ou l'intérêt sont l'unique mobile de leurs

[1] Mgr Gay.

œuvres de bienfaisance. De là des découragements, des affaissements, des abandons qui font s'écrouler les entreprises les plus utiles. Qu'elles donnent donc à leur amour son centre vrai; qu'elles le placent plus haut, en Dieu seul, et leurs œuvres dompteront la mort. Le chrétien d'ailleurs ne doit-il pas se rapporter lui-même et tout entier à Dieu, comme à son principe et à sa fin dernière? Est-ce que dans l'Évangile tout ne part pas de l'abnégation? Tout ne s'y consomme-t-il pas dans le commandement qui résume la loi et les prophètes, et qui est si souverain, qu'on pourrait l'appeler l'*unique*, la loi de l'amour de Dieu pour lui-même et par-dessus toutes choses?

Parvenue à ces hauteurs, l'âme chrétienne peut reprendre pour son compte le mot de saint Ignace : *Si Dieu me donnait le choix de travailler à le faire aimer avec l'incertitude de mon salut, ou d'aller sur-le-champ au paradis, je dirais à Dieu : Laissez-moi vous faire aimer.*

On demandait au vénérable curé d'Ars, que Mme Miquey avait consulté : « Monsieur le curé, consentiriez-vous à jeûner, souffrir, prêcher et surtout confesser comme vous faites, jusqu'à la fin du monde? » Et il répondit avec son aimable sourire : « Et pourquoi pas, mon bon ami, si par là je puis faire aimer Dieu davantage? »

Le cri de sainte Thérèse qui étonne tant de gens : « Ou souffrir, ou mourir, » n'a pas d'autre commentaire. Que les larmes sont donc douces et les peines légères, lorsqu'on est ainsi pénétré du saint amour de Dieu!

Cette vie fait très bien ressortir comment ces sentiments extraordinaires étaient alimentés constamment par la prière incessante, dans le cœur et sur les lèvres de cette vaillante chrétienne, qui, à travers ses courses charitables, dans les réduits les plus misérables et les plus ignominieux, ne cessait jamais de prier, je le sais. De là, un mot qui lui était familier : « Au fond, pas d'œuvre sans prière. » Elle disait encore : « Je puis soulager toutes les misères avec de l'argent, mais il est impossible de sauver une seule âme sans la grâce de Dieu, et comment l'obtenir sans prière? »

Saint Vincent de Paul avait établi comme base essentielle des confréries de charité cette maxime : *Que votre aumône corporelle soit toujours le passeport de la spirituelle.*

Ah! des âmes, toujours des âmes! Tel est le cri de tous les saints, qui ne voient rien au-dessus de cette riche moisson ; c'est afin de les sauver que la charité fidèlement ingénieuse et inventive de l'Église fait éclore, selon les besoins des temps, ces œuvres étonnantes qui dissipent l'erreur et allègent la souffrance ; de là ces cercles catholiques, ces patronages qui sont peut-être la meilleure solution dans la guerre présente entre le capital et le salaire, le patron et l'ouvrier, le riche et le pauvre, par le rapprochement fraternel entre toutes les classes, que l'on ramènerait ainsi à Dieu.

En 1876, à l'occasion de son voyage à Rome, Mme Miquey me fit l'honneur de me visiter dans l'humble presbytère de la paroisse Saint-Joseph, à Genève, où j'étais alors curé ; je lui fis parcourir le cercle de l'Espérance, le patronage, le fourneau économique que j'avais établis, lui expliquant le fonctionnement de ces institutions nécessaires; elle s'écria : « Nous aurons toutes ces œuvres à Mulhouse. » La sainte Écriture dit que « Dieu exauce les désirs de ses saints ». Celui-ci l'a été au delà de toute espérance humaine. Je rends simplement hommage à la vérité en affirmant que je n'ai jamais rien rencontré parmi les œuvres de ce genre qui atteigne ces hauteurs de foi, de dévouement, de charité. Je passe sous silence les moyens attractifs et nécessaires que plus ou moins on rencontre partout, tels que les jeux, la musique, le théâtre, la gymnastique, etc. Mais ce qui ne se rencontre nulle part ailleurs dans les mêmes proportions, ce sont ces messes d'hommes que la vaste église Saint-Étienne a peine à contenir, ces communions mensuelles où plusieurs centaines de jeunes hommes reçoivent le pain qui fait les forts et les croyants; ces processions dans lesquelles ces mêmes athlètes escortent sans respect humain, un cierge à la main, ce même Jésus qui a réhabilité l'ouvrier dans l'atelier de Nazareth, et qui a brisé les chaînes de l'esclave en mourant sur la croix.

Allez demander au dernier parmi ces jeunes

ouvriers, ces employés et ces commis, — car à Mulhouse on a le bon esprit de ne pas faire de sottes distinctions entre la blouse et le paletot, — allez demander, dis-je, à l'heure présente quelle est la source d'un si grand bien, et on proclamera le nom à jamais béni de Mme Miquey et de celui qu'on a baptisé affectueusement du titre de *Parrain*.

Le sacerdoce, sans doute, y a sa part, comme ressort de toutes ces œuvres, mais les vaillants catholiques de Mulhouse leur ont apporté un concours béni, et sont les instruments de la Providence pour le salut de la classe ouvrière dans cette capitale de l'industrie.

En dehors, et je puis ajouter au-dessus des institutions charitables que rêvait cette bienfaitrice des pauvres, je ne dois pas omettre de signaler sa volonté formelle d'établir un orphelinat agricole de garçons, assez vaste pour recueillir les orphelins et les enfants abandonnés qui, faute d'asiles suffisants, deviennent les recrues de l'armée du désordre ou du crime; or en France seulement, je ne me lasse pas de le répéter, il y a 100,000 garçons abandonnés!

Pourquoi? Parce qu'on a trouvé le moyen de fonder cinq cents orphelinats qui élèvent plus de 100,000 filles, et que l'on n'a établi que quatre-vingts asiles où l'on recueille à peine 10,000 garçons. On peut se demander ce que deviennent les autres, ceux qui ne trouvent de refuge nulle part? Cette anomalie se justifie par l'inclination de la nature humaine à créer de préférence les œuvres les moins pénibles et les moins coûteuses. Les garçons coûtent trop cher, leur éducation est plus difficile, on les abandonne!

Mme Miquey, fidèle à ses principes, disait avec saint Vincent de Paul : « Quand une œuvre est reconnue nécessaire, il faut la faire, Dieu vient en aide afin qu'elle se fasse. »

O sainte âme, intercédez donc auprès du *Père des orphelins* que vous contemplez face à face, afin qu'il accomplisse le vœu pressant de votre grand cœur.

« Le luxe, a dit d'Aguesseau, en multipliant les besoins, allume la soif des richesses. » Ce ne fut pas le cas de notre humble chrétienne : ses salons élégants, sa table hospitalière et confortable, sa domesticité ne la touchaient pas. « Par goût, disait-elle, je me contenterais de la plus pauvre cellule; c'est là que je finirai si je survis à mon mari; mais j'ai charge d'âme à l'égard de mon mari, puis mes salons sont aussi ceux des pauvres. » Ce même luxe, qui ruine et corrompt un si grand nombre de familles, au détriment de la part légitime des malheureux, était pour elle un nouveau moyen de dilater sa charité, de propager ses œuvres, d'étendre et de consolider ses relations, même chez ceux qui ne partageaient pas ses croyances.

Je ne connais pas de plus âpre ni de plus rebutant métier que celui de quêteur : grâce au relief de sa maison, le succès des quêtes, souscriptions, loteries, était assuré d'avance; elle avait raison de dire : *Mes salons sont aussi ceux des pauvres.* On verra plus loin l'usage qu'elle en faisait au profit de son incomparable vestiaire et de ses chers ouvriers; nul, d'ailleurs, en sortait sans se sentir meilleur.

Ah! que les riches fassent donc la centième partie de ce que réalisait cette chrétienne, et le communisme révolutionnaire sera vaincu. Souhait infécond, hélas! la charité et la foi, uniques sources de ce bien, sont traitées en ennemies...

N'allez pas croire cependant que cette maison luxueuse entraînait la prodigalité. Chez notre chrétienne, la dame du monde paraissait toujours avec l'élégance correcte qui évite la singularité. *C'est un grand art*, a-t-on dit, *de savoir simplifier sa vie* : aussi avec quel ingénieux talent, elle faisait durer les étoffes. Surprise un jour par son mari à raccommoder des gants usés, il lui dit : « Comment peux-tu, pour trois ou quatre francs, t'exposer à perdre la vue dans un pareil travail? — Mon ami, ces gants feront encore la saison; avec trois ou quatre francs, je soulage une famille de plus. »

A ses revenus s'ajoutaient donc ses privations, les mille industries de sa charité; c'est par ces sacrifices qu'elle a rempli une mission sociale et chrétienne indiscutable.

Mais elle était vaillante patriote, autant qu'ardente chrétienne; les Allemands eux-mêmes se sont inclinés devant ces deux éminentes qualités.

Aumônier militaire en 1870-1871, j'ai eu le bonheur d'être le témoin fidèle de ses héroïques immolations; dès que les hostilités eurent éclaté, elle fut une des premières à nous secourir sur les champs de bataille de l'Alsace. Après le siège de Strasbourg, et pendant toute la captivité, il ne passait guère de semaine sans qu'elle m'envoyât des ballots d'habillements pour vêtir nos malheureux prisonniers de guerre, indépendamment des largesses qui sont racontées plus loin. Digne émule de Mlle Ritton, de Strasbourg [1], on peut dire que la paternelle providence de Dieu les avait placées comme deux anges consolateurs aux deux frontières extrêmes de l'Alsace, afin de soulager les pauvres soldats de la France [2].

[1] Mlle Ritton mourut martyre de sa charité, écrasée par un wagon, en prodiguant ses soins à nos blessés et prisonniers.

[2] Le 2 juillet, en revenant de la captivité avec un des derniers convois de blessés, je m'arrêtai à Mulhouse. Mme Miquey me dit : « Mon mari veut retourner à Gray et acheter une villa, que dois-je faire? — Madame, lui dis-je, restez au poste où la Providence vous a placée : c'est du patriotisme aussi. » Elle obéit, et ne quitta

Je ne puis pas ne pas reproduire les lignes suivantes que je publiais alors dans la *Captivité à Ulm* :

« Mulhouse se distingua par la persévérance de ses efforts couronnés d'un plein succès. On avait organisé un comité de dames et de demoiselles sous la présidence d'une femme admirable, Mme Étienne Miquey, qui porte dans son âme toutes les vertus d'une sœur de Charité, qu'elle exerce depuis longtemps au profit de toutes les infortunes et de toutes les bonnes œuvres. Dès trois heures du matin, elles étaient à la gare, et se succédaient toujours pour attendre les prisonniers, auxquels elles distribuaient vivres et médicaments; elles parcouraient tous les wagons, faisaient asseoir les blessés sur les marches et s'agenouillaient à terre, quelquefois dans la boue, et pansaient leurs plaies... Anges du ciel, qui avez été témoins de ces actes de

plus sa ville aimée, se plaisant à raconter souvent que mon bref conseil l'avait emporté; sa modestie ne permettait pas d'ajouter qu'elle avait été fixée par la chaîne d'or de sa charité. Où aurait-elle trouvé un champ de bataille plus digne de son ardeur?

sublime dévouement, portez-les au trône de Dieu, afin qu'ils soient récompensés. »

En parlant du couronnement accordé aux vertus de la femme forte, le Saint-Esprit a dit :

« Ses fils se sont levés et l'ont proclamée bienheureuse. » (*Prov.*, XXXI.)

La terre n'est pas le ciel; elle le trahit souvent, il ne serait ni vrai ni juste de dire qu'elle le trahit toujours. Parfois même elle le commence; et si Dieu était mieux servi par les hommes, ce serait l'ordinaire que l'aube du paradis se levât sur nos derniers jours. On voit bien du moins que tel est le sort de la femme forte, et que du sein de cette famille formée par son amour et par ses soins s'élèvent à un moment marqué de si grandes félicitations, de si ardentes acclamations, qu'elles constituent à celles à qui elles s'adressent une sorte de triomphe. « Ses fils se lèvent, » ce sont ces orphelins, ces malades, ces ouvriers, ces jeunes filles, ces pauvres qu'elle a sauvés. « Son mari se lève à son tour pour la louer et la célébrer, » *vir ejus et laudavit eam*; tous, debout devant elle, sont *sa joie et sa couronne*. Ces paroles de nos saints livres ont été réalisées dans ses obsèques vraiment royales, où tout un peuple lui décerna le plus bel apothéose qu'on puisse rêver : celui des larmes.

En terminant, monsieur l'abbé, je souhaite du fond du cœur que votre livre trouve sa place dans toutes les bibliothèques; qu'il soit entre les mains de toutes les mères qui sont ou qui veulent devenir chrétiennes. Nous vivons en des temps difficiles, et le Saint-Esprit a encore proclamé que « partout où la femme est absente, la douleur est inconsolable », — il va de soi qu'il ne peut être question ici que de la femme sérieusement chrétienne; — donc que celles qui aiment encore ces choses sacrées qui s'appellent le foyer, la patrie, l'Église, considèrent ce que peut chez une femme du monde la charité inspirée par la foi. Qu'elles soient bien convaincues que l'aumône est tout autre chose qu'une pratique de perfection, qu'on peut à son gré embrasser ou négliger sans péché; elle est la matière d'un précepte, et le précepte est grave. C'est en l'accomplissant que ceux qui le peuvent et le doivent travailleront le plus efficacement au triomphe des grandes causes pour lesquelles tout chrétien doit vivre et mourir.

Veuillez agréer, Monsieur l'abbé, avec mes religieuses félicitations pour votre pieux travail, l'expression de mes sentiments affectueux et dévoués.

J. JOSEPH,

MISSIONNAIRE APOSTOLIQUE,

Chevalier de la Légion d'honneur et du Saint-Sépulcre.

VIE

DE

MADAME MIQUEY

I

SCHLESTADT. — M. ET Mme FILLAT. — NAISSANCE ET ÉDUCATION DE Mme MIQUEY — LA JEUNE FILLE — SON MARIAGE AVEC M. MIQUEY

Au centre de l'Alsace, là où le Rhin se rapproche le plus des Vosges, s'élève l'antique ville de Schlestadt. D'abord simple domaine royal sous les Francs, elle devint, dans la suite du moyen âge, une ville libre impériale et une place forte importante.

Devant ses murs se sont arrêtées presque toutes les armées qui ont envahi l'Alsace et qui en ont fait depuis des siècles comme un vaste champ de bataille.

Mais les hasards et les troubles de la guerre n'avaient pu l'empêcher de devenir prospère : la tenace vitalité des cités d'autrefois lui procura la richesse et la gloire. Par ses relations étendues et plus encore par ses écoles florissantes, fières de Jacques Wimpheling et de Beatus Rhenanus, elle occupa longtemps un rang distingué parmi tant d'autres villes des bords du Rhin où le mouvement de la renaissance littéraire avait été accueilli avec un si vif enthousiasme. Les jésuites surent conserver la réputation que Schlestadt avait acquise dans les lettres et les arts; leur collège fut, jusqu'à la suppression de l'ordre, la digne continuation de l'ancienne Académie.

C'est dans ce milieu, où l'on rencontrait encore les derniers vestiges des traditions du passé avec tout ce qu'elles avaient de brillant et de poli, mais où avait pénétré aussi quelque chose de la mâle vigueur du soldat, que nous trouvons établie la famille Fillat.

Antoine Fillat, ancien commandant d'artillerie, avait suivi toutes les guerres de l'Empire et s'était fait remarquer autant par sa bravoure que par sa parfaite honorabilité. En 1791 il était lieutenant dans le 1er bataillon du Haut-Rhin, et il eut l'occasion d'appeler l'attention de ses chefs sur les grandes qualités militaires d'un sergent du bataillon, Nicolas-Jean-de-Dieu Soult. Peu de temps après le sergent fut promu lieutenant, et lorsqu'en 1831 il vint, comblé de gloire et d'honneur, à Schlestadt, il avait gardé d'Antoine Fillat un souvenir si plein de reconnaissance, qu'il lui proposa de rentrer dans l'armée active avec le grade de colonel de place. Malgré tout ce que cette offre pouvait avoir de flatteur et d'avantageux, M. Fillat ne l'accepta pas. A Schlestadt d'ailleurs il avait su se rendre populaire ; diverses commissions civiles et militaires le comptaient parmi leurs membres, et il y exerçait tant par son caractère bien trempé que par le tact rare avec lequel il savait le faire valoir, une très grande influence. Ses sentiments religieux rehaussaient encore l'autorité que sa droiture toute militaire lui avait donnée ; il avait conservé la foi de sa jeunesse, et se montrait dans toutes ses actions chrétien convaincu. Devant une attitude si décidée, le sarcasme voltairien, encore en grande vogue alors, se voyait vaincu.

M. Fillat eut le bonheur de trouver dans

son épouse une âme à la hauteur de la sienne; Marie-Thérèse Hemann était fille d'un négociant de Schlestadt, elle unissait à une grande distinction une élévation de sentiments et une bonté peu communes. Dès sa plus grande jeunesse la pratique de la charité était devenue une habitude pour elle. Un trait touchant de cette charité est parvenu jusqu'à nous : Marie-Thérèse avait pris en pitié les pauvres petits ramoneurs savoyards; elle ne manquait pas, quand elle en rencontrait, de leur distribuer le contenu de sa tirelire ou des friandises dont elle se privait volontiers.

Dieu, qui se plaît à récompenser les vertus des parents dans celles de leurs enfants, donna à cette mère si charitable une fille qui devait porter la charité jusqu'à l'héroïsme. Elle naquit le 8 février 1823 et reçut les noms de Marie-Thérèse-Joséphine.

Avec elle la joie était entrée dans la maison de M. Fillat. Souvent on voyait l'heureux père verser de douces larmes lorsque les premiers sourires de l'enfant répondaient à ses caresses; il s'en était constitué le vigilant gardien, et sa tendresse ne trouvait d'égale que dans celle dont une mère admirable sut entourer le berceau de son unique enfant.

Le principal soin de ces parents chrétiens fut de développer tous les germes de vertu que la grâce du baptême avait déposés dans l'âme de leur fille, et de surveiller de près l'éclosion des multiples puissances de son intelligence et de son cœur. M. Fillat ne voulut pas la confier à des mains étrangères : il pensait avec raison que le dévouement des institutrices du premier âge, si plein d'abnégation et si complet qu'il soit, n'arrive que difficilement à se rendre vraiment utile à chaque enfant s'il est obligé de s'adresser au nombre et de tenir compte de toute la variété des conditions psychologiques.

Plus tard seulement vint la fréquentation des cours publics, et encore ce fut sous le contrôle sévère du père; car si l'école est appelée à remplacer la famille, c'est bien à la famille d'avoir en premier lieu le droit de haute surveillance. M. Fillat ne s'affranchit jamais de cette grave obligation; s'il n'eut rien à reprendre dans un enseignement qui s'inspirait tout entier de l'esprit chrétien, il n'en resta pas moins le conseiller et le répétiteur de sa fille.

Joséphine était une enfant gaie et vive; elle abondait en réflexions fines et spirituelles, où se révélait un esprit naturellement observateur; bonne et affectueuse toujours, elle savait se rendre sympathique par mille prévenances ingénieuses et gagner ainsi l'affection de ceux qui l'entouraient. Elle ouvrait avec avidité son cœur aux enseignements de la foi ; le prêtre dont elle les recevait appartenait du reste à cette forte génération sacerdotale grandie dans la lutte, c'était le vénérable curé de Saint-Georges, M. l'abbé Fritsch. Ce prêtre pieux, savant, distingué, possédait à fond le grand art du catéchiste : il savait descendre jusqu'à l'enfant, parler sa langue et comprendre son cœur. Joséphine Fillat avait pour lui un véritable culte; elle eut le bonheur de se préparer, sous sa direction, à l'acte le plus important de sa jeunesse, sa première communion. Elle la fit le 20 avril 1836 dans l'église de Saint-Georges.

Les splendeurs de ce jour, Mme Miquey les a cachées avec le plus grand soin comme tout ce qui concernait sa vie intérieure, mais il est facile de les deviner en constatant à chaque pas le mystérieux travail de la grâce qui s'accomplissait dans son âme et qui donnait à cette première union avec Dieu une si puissante fécondité.

Après sa première communion, Mlle Fillat fut envoyée successivement dans deux pensionnats dirigés l'un par Mlle Morel, l'autre par Mlle Heina. Ils se complétaient et donnaient aux jeunes filles de la ville la facilité de suivre les cours de l'enseignement supérieur sans les obliger à quitter leurs familles.

Mme Fillat surtout appréciait fort ces avantages qui lui permettaient de ne pas se séparer de sa fille et de l'initier peu à peu aux moindres détails de son administration domestique. Dans l'esprit de cette mère aussi dévouée qu'entendue, l'éducation d'une jeune fille ne se résumait ni dans une certaine somme de connaissances littéraires et scientifiques, ni dans la culture souvent incomprise des arts d'agrément ; selon elle, il fallait à la femme accomplie quelque chose de plus, l'art de gouverner un intérieur. Elle y appliqua de très bonne heure sa fille, et lui fit contracter ainsi ces habitudes d'ordre et de sage économie qui ont été plus tard la loi de sa maison.

Cette éducation si bien conduite eut le plus heureux résultat. Dans tout Schlestadt, on faisait l'éloge de Mlle Fillat, et elle n'eut qu'à paraître dans le monde pour y recevoir aussitôt l'accueil le plus bienveillant et le plus flatteur.

Plus tard elle se plaindra, dans son journal des retraites, « d'avoir été toujours trop gâtée et trop goûtée. » Mais elle était de ceux dont l'Apôtre dit qu'ils usent du monde sans en user. Malgré les plus vifs attraits et les plus puissantes séductions que la vie mondaine lui offrait au milieu d'une société dont elle était l'ornement, elle ne sortit jamais de cette réserve chrétienne, de cette sainte indifférence.

Elle était alors, nous dit une de ses amies, d'une grâce exquise; sa taille très moyenne lui prêtait cependant un grand charme; son teint, d'une blancheur un peu mate, contrastait agréablement avec ses cheveux très foncés: ses yeux vifs et pétillants reflétaient la douceur et la bonté et trahissaient une âme ferme, résolue et maîtresse d'elle-même. Tout en elle commandait le respect, mais inspirait également la confiance, car à cette fierté des cœurs bien nés qui reculent naturellement devant ce qui est bas ou vulgaire, elle savait unir la plus grande modestie et la plus parfaite charité. Son jugement était droit et solide; son imagination féconde et entreprenante, mais contenue et guidée par une prudence à toute épreuve. A tous ces dons heureux elle unissait une grande politesse de manières qui, loin d'être purement extérieure et factice, était bien le fidèle écho de son cœur.

Plus d'une mère souhaitait en cachette de trouver pour son fils une femme si distinguée, et bientôt M. et Mme Fillat furent mis au courant de ces secrètes espérances. Les partis les plus honorables leur furent proposés pour leur fille; ils les lui soumettaient, pleins de confiance dans la rectitude et la maturité de son jugement. Elle prétexta sa grande jeunesse pour les refuser, mais la vraie raison de son hésitation était ailleurs. Elle voyait dans le mariage autre chose qu'une union seulement selon le monde : pénétrée de la sainteté de cet engagement et de la grandeur des devoirs qu'il impose, elle cherchait avant tout des principes et des goûts en harmonie avec les siens. Ses parents, du reste, avaient les mêmes vues, et s'ils ne voulaient en rien lui imposer leur volonté personnelle, ils étaient heureux de constater avec quelle docilité et quelle soumission elle acceptait leurs conseils et leurs décisions.

Joséphine Fillat avait à peu près vingt ans quand M. Étienne Miquey fut présenté à ses parents. Né à Rigny, près de Gray, le 1er janvier 1806, il dirigeait à Mulhouse, depuis 1833, une importante maison de commerce. Actif, laborieux, d'une grande franchise et d'une honorabilité parfaite, il s'était acquis en peu d'années l'estime de ses concitoyens, et la considération universelle dont il jouissait devait lui préparer bientôt l'entrée au conseil municipal.

Après avoir rencontré Mlle Fillat dans un

petit cercle d'amis qui se réunissaient tous les jeudis, il demanda et obtint sa main. Également dignes de respect et d'affection, les jeunes fiancés obéissaient, en se donnant l'un à l'autre, autant aux inspirations de leur cœur qu'à la conviction de leur raison. Ils avaient mis leur confiance en Dieu et imploré ses lumières; sous de pareils auspices, l'union contractée le 9 mars 1844, dans l'antique église de Saint-Georges, ne pouvait que leur offrir les plus sérieuses garanties de bonheur et réaliser pleinement l'idéal du mariage chrétien. Quarante-deux ans de participation commune à un merveilleux apostolat, dans cette paix et cette affection qui unit des âmes vraiment sœurs, ont été la récompense de cette admirable conduite.

II

MULHOUSE EN 1844 — ÉPREUVES DE Mme MIQUEY — SA MALADIE — RETRAITE A RIPOLDSAU — VISITE AU VÉNÉRABLE CURÉ D'ARS

Dès la fin du siècle dernier Mulhouse était entrée résolument dans le mouvement industriel, auquel de grandes et de nombreuses découvertes promettaient un brillant avenir. Réunie à la France, le 15 mars 1798, l'ancienne république devint bientôt le centre de l'industrie cotonnière en Alsace, et vit augmenter sa prospérité dans des proportions jusqu'alors inconnues. Les étroites limites de l'ancienne enceinte fortifiée furent bientôt dépassées ; des quartiers entiers s'élevaient, et de tous les côtés accourait une population nouvelle d'ouvriers auxquels la perspective d'un travail plus facile et plus rémunérateur faisait déserter les campagnes.

Mais à mesure que l'agglomération augmentait, les inconvénients, qui en sont la conséquence presque inévitable, apparaissaient aussi, et ils étaient d'autant plus graves que dans la première période de l'industrie mécanique on n'avait pas suffisamment su et pu les prévoir.

Contre tous les genres de maux, le christianisme a un puissant et divin remède, c'est la charité ; l'économie sociale s'en est emparée et, partout où elle veut exercer une influence salutaire, elle a recours, sous une forme ou une autre, aux multiples institutions qui doivent leur existence à cette reine des vertus. A Mulhouse cela fut admirablement compris. Il se trouva un groupe d'hommes de cœur qui résolurent de mettre en commun leurs efforts et d'alléger les nombreuses misères dont ils étaient témoins. L'*Institut des pauvres* fut leur première création ; d'autres œuvres suivirent, tant l'impulsion donnée avait été forte et efficace. Ce serait une belle page de notre histoire locale, que de remettre en lumière ces laborieux débuts et de tirer de l'oubli tant de noms qui ont droit à la reconnaissance et aux bénédictions de la postérité.

L'œuvre de la charité était du reste puissamment secondée par la religion. L'ouvrier, venu tout récemment de la campagne, était resté fidèle à sa foi, et s'il fallut de longs et de pénibles efforts pour grouper autour de l'unique paroisse de Saint-Étienne les éléments si divers de la population catholique, cela tenait aux conditions toujours difficiles d'un début plutôt qu'aux hommes. Le culte catholique n'avait été rétabli dans la ville qu'en 1803, après une interruption de près de trois siècles, et les premiers curés de la paroisse succombèrent sous le poids écrasant du ministère sacré. Le nombre de leurs ouailles augmentait sans cesse, mais les ressources restaient modiques, et on fut pendant très longtemps dans l'impossibilité de créer de nouveaux vicariats dans la paroisse.

Déjà quelques catholiques influents, Alfred Ravenez, Jean-Baptiste Riss, le docteur Muller, Gaspard Muller-Abt, Étienne Miquey, formaient autour du zélé curé de Mulhouse, M. l'abbé Lutz, un cercle d'élite qui n'attendait qu'une occasion favorable pour s'étendre. C'est chez Mme Miquey qu'ils vont se rencontrer désormais, c'est son salon qui verra éclore une à une toutes nos grandes œuvres catholiques.

Quoique fort jeune encore quand elle arriva à Mulhouse, Mme Miquey avait compris du premier coup et comme sans effort le grand rôle que la femme chrétienne est appelée à remplir. L'Écriture sainte le dessine dans un passage célèbre :

« Une femme forte, qui la trouvera? Au-dessus de ce qui vient de loin et des confins de la terre est son prix. Le cœur de son mari se confie en elle, et il ne manquera pas de richesses. Elle lui rendra le bien et non le mal tous les jours de sa vie.

« Elle a cherché la laine et le lin; elle a mis en œuvre l'habileté de ses mains; elle est devenue comme le vaisseau d'un marchand portant de loin son pain. De nuit elle s'est levée et elle a donné de la nourriture aux personnes de sa maison et des vivres à ses servantes.

« Elle a considéré un champ, et elle l'a acheté; du fruit de ses mains elle a planté une vigne. Elle s'est revêtue de force, elle a affermi son bras; elle a fait un essai, et elle a vu que son activité est prospère, aussi pendant la nuit sa lampe ne s'éteindra pas.

« Elle a mis sa main au travail le plus laborieux et ses doigts ont pris le fuseau. Elle a ouvert sa main à l'indigent et elle les a étendues vers le pauvre. Elle ne craindra pas pour sa maison le froid et la neige, car tous ceux qui l'habitent ont un double vêtement.

« Illustre sera son mari quand il siégera avec les sénateurs de la terre; la force et la beauté la revêtent, et elle rira au dernier jour. Elle a ouvert sa bouche à la sagesse, et la loi de la clémence est sur sa langue.

« Ses fils se sont levés et l'ont proclamée bienheureuse, son mari également l'a louée. Beaucoup de filles ont amassé des richesses, mais toi, tu les as surpassées toutes. Trompeuse est la grâce, et vaine est la beauté; la femme qui craint le Seigneur est celle qui sera louée; donnez-lui le fruit de ses mains et que ses œuvres la louent aux portes de la ville[1]. »

Ce sont ces vertus de la femme forte qui faisaient le bonheur de Mme Miquey et qui lui rendirent doux l'isolement dans lequel elle se trouva en arrivant à Mulhouse. Son intérieur lui suffisait; il était établi sur les traditions chrétiennes de la famille, où un

[1] Prov. XXXI.

religieux respect consolide l'affection mutuelle et cimente l'édifice moral des vertus domestiques.

Douée d'un goût exquis et d'une rare délicatesse dans l'appréciation du beau, la jeune épouse sut disposer son intérieur de telle sorte qu'il devint le modèle d'une maison bien tenue. Elle fut toujours attentive à procurer le bien-être à ceux qui l'entouraient, non en raison de la vulgaire jouissance matérielle qui l'accompagne, mais parce qu'elle y voyait à bon droit un moyen puissant de rendre sa demeure agréable et d'y faire régner l'esprit de famille. Sa sollicitude s'étendait à tous les détails. Rien ne lui semblait petit là où l'affection commande ces attentions délicates, ces prévenances instinctives qui écartent tout ce qui pourrait être un sujet de peine ou de contrariété.

M. Miquey aurait voulu, autant par affection pour sa femme que pour M. et Mme Fillat, avoir ses beaux-parents à Mulhouse : ses sollicitations cependant furent vaines; ils avaient à la fois le respect et le souci d'une affectueuse indépendance, et ils tenaient à conserver à leur maison comme à celle de leur fille son caractère propre.

A Mulhouse, Mme Miquey n'eut aucune peine à s'entourer d'une société choisie de dames qui devinrent, en toute circonstance, ses fidèles auxiliaires; car si elle fuyait les vaines futilités des relations mondaines, elle était heureuse de goûter les douceurs d'une vraie et solide amitié.

Dans son cœur cependant une place restait vide; elle était épouse heureuse, elle aurait voulu être heureuse mère. Dieu combla ses vœux en lui donnant un fils. Il naquit le dimanche de la Septuagésime, 5 février 1845, et fut appelé Paul.

Que de touchante poésie dans ces premières heures qu'une mère passe au berceau de son nouveau-né! Il est là, il personnifie pour elle le monde tout entier; tout autour d'elle s'est tu, et dans ce calme profond, dans ces silencieuses rêveries, elle le voit grandir, devenir homme. Que sera-t-il?

> Homme de paix ou bien homme de guerre,
> Prêtre à l'autel, beau cavalier au bal,
> Brillant poète, orateur, général?

Elle veut tout pour lui, heureuse si elle pouvait tout lui donner comme elle lui a donné la vie!

Si Mme Miquey avait un désir, c'était celui de voir cet enfant, placé sous le patronage du grand apôtre des nations, devenir apôtre à son tour et monter à l'autel : « Je n'ai eu qu'un fils, nous disait-elle un jour; mais, s'il avait vécu, mon plus grand bonheur eût été de le donner à Dieu et de le savoir prêtre. »

On l'a dit, il y a un lien étroit entre les âges extrêmes de la vie, entre la vieillesse et l'enfance; l'aïeul, en berçant l'enfant de ses enfants, semble revivre, il revoit les jours depuis longtemps disparus et se réchauffe au doux soleil de cette existence printanière. A Schlestadt on tenait à revoir l'enfant et à partager avec sa mère les joies et les soucis de la maternité. Ces soucis, hélas! vinrent à l'improviste : un mal subit se déclara, et, le 25 mai, l'enfant alla prendre place parmi les légions célestes des anges.

Quand la douleur s'appesantit sur une grande âme, elle l'élève et l'ennoblit. Ce fut le cas pour la pauvre mère si cruellement frappée; la souffrance devint l'école dans laquelle elle se forma à l'héroïsme chrétien. Dorénavant chaque pas dans sa vie sera marqué par un sacrifice, par un acte de détachement volontaire de tout ce que le monde peut offrir.

Vers la fin de ses jours si précieux, elle eut comme l'intuition des desseins de la Providence dans cette terrible épreuve : « Dieu, disait-elle, m'a pris mon enfant pour me donner une famille plus grande et qui lui est infiniment chère, celle des malheureux. »

Dieu voulut épurer davantage encore cette âme d'élite : il lui envoya une maladie qui, pendant quinze ans, se montra rebelle à toutes les ressources de la science et la condamna au repos et à l'inaction. M. et Mme Fillat étaient accourus à Mulhouse à la première nouvelle de la maladie de leur fille ; ils ne la quittèrent plus.

L'ancien commandant retrouvait au milieu des amis de la maison Miquey toute sa verve d'autrefois. C'était un esprit fin, observateur, judicieux ; témoin de tous les grands événements qui avaient agité l'Europe depuis plus d'un demi-siècle, il savait apprécier à leur juste valeur les hommes et les choses. Les passions politiques n'avaient pas le don de l'émouvoir ; mais, resté profondément attaché à son ancienne profession, le souvenir des glorieuses journées de l'Empire suffisait pour réveiller son enthousiasme. Son œil alors devenait brillant, sa poitrine palpitante, et il racontait avec une vivacité et un entrain merveilleux les faits mémorables de ses campagnes. Pour les siens, il était d'une affabilité extrême ; s'il se sentait père dans cet intérieur où tous lui témoignaient une respectueuse déférence et une tendre affection, il aimait à effacer son autorité devant celle de son gendre et à honorer en lui le maître et le chef de la maison.

Une vieillesse pleine de vigueur semblait promettre encore de longs jours à M. Fillat, quand il fut emporté en quelques heures par une attaque de paralysie, le 16 avril 1847.

Ce nouveau deuil amena une aggravation dans l'état de Mme Miquey; pendant plusieurs mois sa faiblesse fut si grande, qu'elle ne pouvait quitter sa chambre; elle passait ses journées étendue sur une chaise longue, sans mouvement, presque sans vie.

Les médecins attendaient un effet salutaire d'un séjour à Hombourg; elle s'y rendit plusieurs années de suite, mais la convalescence ne progressant que lentement, il fallut l'envoyer à Ripoldsau, dans la Forêt-

Noire : c'est là que nous la trouvons en juillet 1854.

Que se passait-il dans l'âme de la pieuse malade pendant ces semaines de vie solitaire? Une nature vulgaire se serait révoltée à la pensée des sacrifices auxquels l'isolement la condamnait : pour Mme Miquey ce danger n'existait pas. Elle était trop habituée à la soumission envers Dieu, et elle en reçut la récompense dans les lumières de la grâce qu'il répandait sur elle dans ce Manrèze spirituel où la souffrance l'avait conduite. La science de la vie, la solution du problème qui préoccupe les intelligences d'élite lui apparut, et dès ce moment elle se promit que, si la santé lui était rendue, elle consacrerait le reste de ses jours exclusivement à la pratique du bien. Ces dispositions, elle voulut les examiner, les discuter, les fortifier dans une série de méditations qu'elle fit sous forme de retraite. Les résolutions prises à la fin de ces quelques jours de recueillement nous montrent qu'elle était descendue jusqu'au fond de son cœur et qu'elle voulait en gouverner tous les mouvements.

« Résolutions prises le 15 juillet 1854, après une retraite que j'ai faite seule, étant aux bains de Ripoldsau.

« *Pour Dieu :* Je lui donnerai mon cœur... En toute chose je n'aurai d'autre but que de me conformer à sa sainte volonté ; je l'aimerai par-dessus tout, et par conséquent je rechercherai toujours ce qui lui est agréable, ce qu'il peut davantage désirer de moi.

« Je m'observerai en tout... Deux fois par jour je ferai un court examen de conscience; je considérerai avec soin ce que j'ai fait pour avancer toujours vers Dieu... Ainsi, mon âme, ne néglige rien, profite de tout ce qui se trouve sur ton passage pour avancer dans la perfection. Tes bonnes œuvres seules t'accompagneront quand tu quitteras cette vie. Lorsque tu fais quelque bonne œuvre, vois si tu agis avec un entier détachement; il faut que là il n'y ait rien d'humain, rien de personnel : tout doit être uniquement motivé par la charité, c'est-à-dire par l'amour de Dieu. Observe bien ces résolutions; plus tard tu feras mieux.

« *Envers ton mari :* Sois bonne, mais parfaitement bonne et affectueusement dévouée. Là encore il faut avoir un but : le rendre aussi heureux que possible. Va au-devant de ses désirs, même s'ils ne répondaient pas aux tiens, mets de l'empressement à lui faire plaisir, évite tout ce qui pourrait lui être une cause de peine;

témoigne-lui le plus grand respect et la plus délicate affection. Prends comme règle de conduite de t'oublier toujours en tout, rapporte à lui tout le bien que nous avons l'occasion de faire. En toute chose, aie la plus grande égalité d'humeur ; sois toujours douce et avenante, malgré les ennuis que tu pourrais avoir. Ces ennuis, tu les offriras à Dieu dans le secret de ton cœur ; lui seul doit être le confident de tes peines, de tes combats. Tu feras les plus grands efforts pour les cacher à ceux qui t'entourent et que tu veux rendre heureux. Rappelle-toi que tu rendras compte un jour de l'âme de ton mari : tu prieras pour lui et avec lui matin et soir ; ces prières seront courtes, mais ferventes.

« *Envers ta mère :* Sois douce, affectueuse, soumise. Accepte toutes ses observations; elle ne te donne que de bons conseils. Si parfois ta manière de voir n'était pas d'accord avec la sienne, examine bien tout avant de rien décider, mais ne t'oppose jamais à ce qu'elle demande de toi. Accepte tout d'abord, tu pourras toujours dans la suite faire ce que tu voudras; mais autant que possible, suis ses conseils, conforme-toi à ses idées pour ne jamais la contrarier.

« Fais en sorte que son souvenir ne te laisse plus tard aucun regret; tu auras ainsi la satisfaction de l'avoir rendue heureuse. Si tu as quelque peine à supporter ses observations, souffre tout et offre tout à ton Dieu : rien n'est perdu pour lui, il te consolera et te bénira.

« *Envers tes connaissances :* Être serviable, sincère, vraie, droite, indulgente, prévenante dans toutes les circonstances de la vie. Rends le bien pour le mal; ne jamais parler de toi; faire ressortir le bien que font les autres ; ne jamais les blâmer ; au contraire, les excuser toujours ; être plus affectueuse lorsqu'ils sont dans la peine ; t'oublier entièrement quand tu es avec eux. Sois simple dans ta mise ; en te passant de tel ou tel vêtement, tu pourras faire plus de bien aux pauvres et tu n'exciteras la jalousie de personne.

« *Envers les pauvres :* Fais autant de bien que tu pourras ; n'oublie pas que ce que tu donnes aux pauvres est prêté à Notre-Seigneur Jésus-Christ. Que ta charité s'exerce avec ordre : charité d'argent, mais surtout charité d'action. Cette dernière est la plus pénible. Dispose de ton temps, de ta personne pour visiter les pauvres, les malades et arriver par l'aumône à leur âme : c'est elle seulement que tu dois rechercher.

« Implore en tout le secours de Dieu et sa sainte bénédiction, afin que son Esprit t'éclaire et te guide dans toutes tes œuvres. »

Tout le secret de la vie intérieure, du sublime dévouement de Mme Miquey est dans ces lignes admirables, qui trahissent une âme très avancée dans la pratique des vertus chrétiennes et la science de la vie spirituelle. C'est aux jésuites, ses directeurs, qu'elle devait cette piété forte, éclairée et réfléchie.

Vers la fin de l'été de la même année Mme Miquey était à Ars. Elle avait accompagné son mari dans un voyage qu'il avait dû entreprendre, et elle saisit avec bonheur cette occasion pour voir de près le vénérable abbé Vianney. C'était au moment où le pèlerinage était dans son plein épanouissement : des foules innombrables, venues des points les plus éloignés de la France, se succédaient dans l'humble église d'Ars et assiégeaient le confessionnal de son saint curé.

Mme Miquey dut attendre deux jours avant de pouvoir approcher à son tour, mais les merveilles dont elle était témoin firent sur elle une si profonde impression que, comme tant d'autres, elle aurait volontiers passé sa vie dans ce pauvre village des Dombes. Elle ne se lassait pas de contempler l'homme de Dieu et d'écouter sa parole apostolique. Enfin, le troisième jour, M. Vianney lui accorda le court entretien qu'elle avait si ardemment désiré. Le curé d'Ars avait, comme saint Philippe de Néri, le don du discernement des âmes ; il savait les reconnaître, les comprendre et y lire les aspirations les plus secrètes. Dieu l'éclaira-t-il sur l'avenir de Mme Miquey ? Il est permis de le croire, car il lui dit dès le début, et sans qu'elle lui eût parlé de sa situation et de ses œuvres : « Le salut des autres, voilà votre mission ; elle est belle, mais il faut lui être bien fidèle. Vous aurez des ennuis dans votre vie, mais persévérez, mon enfant, persévérez. Je ne saurais assez vous le répéter. Jamais rien d'humain, de naturel, comme cause déterminante de vos œuvres ; sûrement et strictement le devoir, mais le devoir complet. Alors Dieu viendra à vous avec toutes ses faveurs et il vous en inondera. »

Ce voyage à Ars eut une influence décisive sur la vie de Mme Miquey ; ce que pendant de longs mois de souffrances et d'isolement elle avait médité, elle résolut de le mettre en pratique. Dieu sembla bénir cette généreuse détermination, car à partir de ce moment elle reprit des forces.

III

LA CONFÉRENCE DE SAINT-VINCENT-DE-PAUL — LES SŒURS DE NIEDERBRONN A MULHOUSE — FONDATION DE L'OUVROIR DES DAMES — Mme MIQUEY DANS LE MONDE

Le souffle puissant de la charité, ranimé par la généreuse témérité d'Ozanam, lui donnait dans le monde entier des imitateurs et des émules. Mulhouse eut dès 1846 sa conférence de Saint-Vincent-de-Paul régulièrement constituée. La première réunion se tint le 27 juillet, chez M. Jean-Baptiste Rieter. Nous y trouvons comme toujours MM. Émile Ravenez, Jean-Baptiste Riss, B. Sœhnlin, Étienne Miquey ; le clergé paroissial était représenté par M. l'abbé Rauch. Si modestes que fussent ses débuts, la conférence de Saint-Vincent-de-Paul prit immédiatement le premier rang parmi toutes les œuvres catholiques de la ville. Elle faisait le bien sans grand bruit, comme l'avait fait le saint sous le patronage duquel elle est placée, mais son action était efficace, car au dévouement sans bornes de ses membres venait s'ajouter celui de nombreux amis et bienfaiteurs.

Mme Miquey eut, parmi ces derniers, le plus d'influence et devint dans la suite la zélatrice attitrée de la conférence ; les événements du reste allaient l'appeler à une participation très active.

En 1853, la conférence de Saint-Vincent-de-Paul était enfin parvenue à réaliser un de ses vœux les plus chers : l'établissement, à Mulhouse, d'une communauté de religieuses chargées du soin des malades à domicile. La congrégation des sœurs du Très-Saint-Sauveur de Niederbronn, fondée tout récemment, y envoya quatre de ses membres. On les installa dans une maison de la place Lambert, et, dès les premiers jours, on put constater combien leur présence répondait à un impérieux besoin ; du matin au soir leur parloir ne se désemplissait point : c'étaient d'interminables files de pauvres et de malades, qui venaient demander des secours et des conseils. Cela ne faisait pas, paraît-il, le compte du propriétaire de l'immeuble ; il fut pris d'un tel dégoût et d'une telle peur, qu'il promit aux sœurs de renoncer au loyer si, dans un délai fixé, elles consentaient à quitter sa maison. Ce fut, comme bien on pense, un moment très difficile et très critique. Fallait-il abandonner un poste où il y avait du bien à faire, il est vrai, mais où apparaissaient aussi, et avec une désespérante intensité, les contradictions qu'il suscite? M. Riss coupa court à toute hésitation, en mettant à la disposition des sœurs une maison qu'il possédait, quai du Fossé. On n'était pas cependant au bout des pérégrinations : la maison Riss devint trop étroite, et il fallut s'installer dans un local plus spacieux, mais très mal situé pour une communauté religieuse[1].

Toutes ces difficultés, jointes aux embarras pécuniaires, étaient suffisantes pour paralyser l'énergie la plus vaillante. Disons, à l'honneur des sœurs, que leur courage fut au-dessus de ces épreuves. Elles firent des prodiges d'abnégation et de charité :

[1] Rue du Rempart.

on les voyait partout où une infortune demandait leur présence, et en quelques mois elles avaient conquis l'estime et l'affection de la population. Dans une ville industrielle comme Mulhouse, elles semblaient tout naturellement désignées pour la direction d'une maison de refuge, où les jeunes ouvrières sans famille trouveraient toutes les garanties d'un intérieur religieux et moral.

Des négociations furent entamées avec les supérieures; elles furent longues et paraissaient infructueuses; la prudence et la raison commandaient aux sœurs la plus grande circonspection, la charité et la religion une témérité plus osée. Mme Miquey fut de ce dernier avis; elle insista, supplia, et, à bout d'arguments, amena aux sœurs deux petites orphelines, en s'engageant à payer leur pension. Cette démonstration par le fait eut du succès : devant ces pauvres enfants la supérieure ne trouva plus d'objections; elle les accueillit, et l'ouverture d'un orphelinat de petites filles, d'un asile pour les ouvrières fut décidé.

Les pensionnaires ne se firent pas attendre; bientôt la place manqua, et la nécessité d'un nouveau déménagement s'imposait. Les sœurs comptaient beaucoup sur la Providence pour trouver enfin un établissement définitif; leurs vœux furent exaucés. M. l'abbé Uhlmann, curé de Mulhouse, prit l'initiative de cette nouvelle création et constitua un comité de patronage composé de MM. Étienne Miquey, Brunck de Freundeck, le docteur Müller, Jean-Baptiste Riss, Gaspard Müller-Abt, Prosper Delarue. Dans la première réunion, tenue le 2 juin 1856, on décida de chercher « un local propre à la destination dont il s'agissait, d'en proposer l'acquisition aux supérieurs de la congrégation de Niederbronn et d'aviser aux moyens de le payer ».

Par une heureuse coïncidence, une ancienne fabrique d'indiennes, située rue du Bourg et appartenant à la succession de M. Godefroi Heilmann, était à vendre; M. Miquey fut chargé d'en négocier l'achat. C'est de lui que nous tenons le récit suivant :

« Le comité m'avait prié de trouver un local dans l'intérieur de la ville; je lui proposai l'ancien établissement de M. Godefroi Heilmann en disant que, pour une si belle œuvre, il fallait un grand bâtiment. A ces mots M. le curé m'interrompit assez brusquement : « Comment? Vous savez que nous « n'avons pas un centime, et vous dites « encore qu'il nous faut quelque chose de « grand! » Je tins bon et j'exposai mes raisons. M. le curé fut le premier à s'y rendre : « Eh bien! me dit-il, puisque vous « voulez faire grand, tâchez de nous trouver « grand et pas cher. » Je promis de tenir compte de la recommandation et j'allai voir M. Édouard Thierry-Mieg, administrateur de la succession. Après de longs pourparlers, il me vendit l'immeuble Heilmann quarante-cinq mille francs, dont quinze mille devaient être payés immédiatement ; le reste était payable par annuités en dix ans. Le comité accepta ces conditions, et la propriété fut acquise. »

Ce que M. Miquey ne raconte pas, c'est la part personnelle qu'il eut dans ces négociations ; à force d'instances il avait obtenu une diminution du prix de l'immeuble, il avança les quinze mille francs, surveilla les travaux de réparation et d'appropriation, y employa jusqu'à ses propres domestiques afin de diminuer les frais. Il renonça de plus à l'intérêt des quinze mille francs avancés pour l'acquisition, ainsi qu'à celui des sommes prêtées plus tard. Déjà vers la fin d'août la *Cénobie*, c'est le nom que reçut l'établissement, put s'ouvrir et recevoir une cinquantaine de pensionnaires.

Le comité avait rédigé des statuts d'après lesquels la nouvelle maison devait être administrée; ces statuts faillirent devenir une cause d'échec pour les sœurs. Plusieurs de leurs pensionnaires, les trouvant sans doute peu à leur goût, déclarèrent ne pas vouloir s'y soumettre; d'autres, gagnées à la cause des mécontentes, se joignirent à elles, et au bout de quelques jours la maison était déserte. Les sœurs tinrent bon; une à une les ouvrières revinrent, honteuses de leur défection, et supplièrent la supérieure de les reprendre. A partir de ce moment rien n'a troublé le calme profond de cette pieuse maison, si ce n'est les joyeux ébats de plus de deux cents orphelins et orphelines, pour lesquels elle est devenue une seconde famille.

Pendant qu'à Mulhouse la société de Saint-Vincent-de-Paul établissait, avec le concours du dévouement individuel, une œuvre si féconde en bien, Mme Miquey se trouvait à Ripoldsau. Elle y fit, comme précédemment, sa retraite annuelle. Nous voyons par ses notes, de plus en plus précises et pratiques, qu'elle avançait à grands pas dans la vie spirituelle :

« Se lever chaque matin à une heure fixe. Après avoir dit ma prière, les actes de foi, d'espérance, de charité et de contrition, réciter le rosaire et relire le sujet de méditation préparé la veille. En allant à l'église pour entendre la sainte messe, réciter le chapelet de l'Immaculée-Conception que le curé d'Ars fait dire chaque jour en public. Faire, un peu avant midi, un examen de conscience.

« Accomplir avec simplicité tout ce que Dieu veut de toi : il y a le temps de la prière et le temps des œuvres charitables. Lorsque Dieu ne te demandera rien de particulier, fais simplement très bien toutes tes actions. Il faut chercher la perfection en tout; que tes actions soient donc faites toujours en vue de Dieu seul; oublie-toi complètement; le ciel que tu désires ne s'achète que par des sacrifices.

« Tu as deux voies qui se présentent à toi et qui t'offrent leurs attraits : l'une, dans le monde où tu es gâtée, goûtée; l'autre, isolée de tout, seule avec Dieu. Le choix ne doit pas être douteux : Dieu seul peut suffire à ton cœur.

« Les bonnes œuvres sont recueillies par

notre ange gardien et conservées pour le grand jour du jugement ; n'oublie pas que tout ce que tu pourras économiser sur ta toilette tu l'appliqueras à une bonne œuvre spéciale.

« Cause peu ; répands-toi peu au dehors ; sois affable envers chacun indifféremment, mais ne parle jamais de toi, de ce que tu fais, de ce qui t'est agréable.

« Rappelle-toi bien la recommandation du curé d'Ars : Le salut des âmes, voilà ta mission ! »

Cette mission, Mme Miquey eut l'occasion de l'exercer par la maison des sœurs ; elle en fit comme le centre de toutes ses œuvres et le foyer d'où sa charité rayonnait sur toutes les infortunes. La première fondation qu'elle y rattacha fut celle de l'*Ouvroir des Dames*. Une note placée en tête du livre de présence des dames nous apprend qu'elle remonte au 8 décembre 1856, et fut placée sous le patronage de Marie Immaculée. Quatre jours après eut lieu la première réunion de travail, et depuis l'Ouvroir n'a cessé de répandre les dons multiples que d'habiles mains confectionnaient sous le regard de Dieu. La présidence avait été dévolue à Mme Miquey; elle dut se résigner à conserver jusqu'à la fin de ses jours cette charge; mais elle la remplissait avec une si parfaite modestie et une si complète ignorance d'elle-même, qu'on ne sut qu'après sa mort combien sa sollicitude était étendue, et combien les achats, la comptabilité, les visites aux pauvres secourus lui prenaient de temps et lui donnaient de soucis.

Son principe était, en toutes choses, de ne jamais rester stationnaire; aussi toutes ses œuvres ont prospéré dans des proportions peu ordinaires, dans une ville où les trois quarts des habitants appartiennent à la classe ouvrière et où les ressources sont très limitées. Son grand talent était d'en trouver toujours de nouvelles : il est vrai qu'elle ne ménageait ni les courses ni les démarches, dès qu'il s'agissait de recruter de nouveaux membres pour l'Ouvroir ou d'ajouter aux recettes ordinaires le produit d'une des nombreuses loteries de charité organisées par elle.

D'après le règlement de l'ouvroir, les dames associées doivent être présentes à la réunion hebdomadaire, ou, si elles en sont empêchées, verser une cotisation dont le montant sert à l'achat des étoffes et des fournitures. Si l'on veut se faire une idée de ce que l'Ouvroir a produit sous la direction de Mme Miquey, il faut se reporter aux chiffres fournis par les comptes rendus annuels. Nous regrettons de n'avoir pas pu reconstituer complètement leur série.

En 1883, les cotisations produisirent 2,342 fr. 40 c., et on distribua aux pauvres 381 blouses en drap, 338 pantalons; 247 chemises d'hommes; 205 chemises de femmes, 183 casaques de laine; 128 jupons de laine; 410 robes (indienne et lainage); 22 paires de bas; 32 draps pour lits; 22 layettes; 13 couvertures en laine; 120 mouchoirs de poche; 22 bonnets; 46 fichus; en tout, 2,169 objets.

En 1884, les cotisations atteignent 2,571 fr. 65 c., et les objets distribués, le chiffre élevé de 2,659.

Dans l'allocution que M. le chanoine Winterer, curé de Saint-Étienne de Mulhouse, adressa aux dames de l'Ouvroir, à l'occasion du décès de leur présidente, il résuma ainsi le bilan de la société :

« Jetez un coup d'œil sur ce que votre association a fait depuis trente ans, sans bruit, le plus simplement du monde, sous le regard de Dieu. Elle a distribué en moyenne par an plus de deux mille objets de vêtements aux pauvres ; en trente ans elle a donc secouru plus de soixante mille fois des infortunés. »

Les réunions, qui au commencement avaient eu lieu chez les sœurs de Niederbronn, furent tenues plus tard chez Mme Miquey ; c'est là que nous avons eu l'occasion de visiter l'Ouvroir et de nous édifier à la vue de l'activité et de l'intelligent savoir-faire déployés par ces admirables ouvrières du pauvre. Nous nous rappellerons toujours ces têtes courbées sur le travail, attentives à suivre tous les points que marquait l'aiguille et à écouter la lecture pieuse faite par une des dames : on sentait là tout l'honneur et toute la fécondité du travail.

Dans sa maison, Mme Miquey tenait agence de charité ; elle avait ses détectives, chargés de se mettre par la ville à la poursuite de toutes les misères grandes et petites, et de les lui faire connaître ; nul ne devait être malade, sans travail, surchargé de famille, endetté, sans qu'elle le sût et qu'elle vînt à son secours. C'est dans les réunions de l'Ouvroir que ces secours étaient fixés. Chacune de ces dames rendait compte de la situation de ses protégés ; alors les volumineux paquets disparaissaient un à un ; ils étaient accompagnés de bons conseils et d'encouragements ; car à l'Ouvroir on ne faisait jamais l'aumône matérielle sans y ajouter celle du cœur.

Mais les pauvres et les œuvres n'avaient pas seuls trouvé le chemin de ce seuil hospitalier, où toujours la charité les attendait. Toute la bonne société mulhousienne y venait, car on était toujours sûr d'y rencontrer une belle intelligence au service d'un grand cœur. L'animation régnait dans cette suite de salons, meublés moins avec luxe qu'avec goût; les habitudes élégantes d'une grande fortune, jointes à cette vieille urbanité française mêlée de tact, de bon sens et d'esprit, en faisaient le lieu de réunions préféré de la magistrature et des employés supérieurs de l'administration. L'armée elle-même y était quelquefois représentée ; d'anciens amis de M. Fillat, de passage à Mulhouse, se faisaient un devoir de continuer les relations cordiales d'autrefois. Si l'on parlait beaucoup des intérêts généraux du commerce et de l'industrie, ce qui était naturel dans la maison d'un commerçant auquel tous reconnaissaient une grande expérience et un grand sens pratique, ces conversations prenaient quelquefois le caractère de vrais débats, où toutes les grandes questions contemporaines s'agitaient. M. Miquey y mêlait ordinairement des traits d'esprit qui appuyaient ou combattaient très plaisamment une opinion émise devant lui; il avait toujours un mot de la fin heureux et aimable, qui faisait oublier la discussion et semblait mettre tout le monde d'accord en la détournant poliment.

Au milieu des plus brillantes réunions, et environnée de toutes les distractions mondaines, Mme Miquey subissait plutôt qu'elle ne recherchait ces heures de délassement. Le joug du monde lui pesait; dès qu'elle le pouvait elle le secouait. Ses devoirs de maîtresse de maison n'en souffraient cependant jamais; bien au contraire, elle redoublait d'empressement et d'amabilité, afin de rendre sa maison agréable à tous ceux qui lui faisaient l'honneur d'y venir. Disciple et admiratrice de saint François de Sales, elle pensait avec lui que « la vraie dévotion ne gâte rien, ou plutôt elle perfectionne tout; en sorte qu'elle est fausse si elle est un obstacle aux devoirs légitimes de la vocation. »

Après ces invités, d'autres paraissaient qui avaient à conter leurs peines, leurs embarras et leurs besoins. Que de confidences ont été faites dans ce petit salon vert donnant sur le jardin du Nouveau-Quartier; que de larmes séchées, que de douleurs consolées!

Nous dirons ailleurs combien Mme Miquey a excellé dans ce divin ministère de la consolation. La misère en habit noir ne la trouvait pas moins accessible que la misère en haillons. Tel cherchait une position, tel autre demandait qu'on le soutînt dans ses affaires, tel autre encore qu'on le sortît de celles où il s'était imprudemment engagé. Il fallait diriger, encourager, consoler, quelquefois prêter et souvent donner. Encore ces dons devaient-ils prendre ces formes aimables et pleines de tact qui n'humilient pas le solliciteur. La charité rendait ingénieuse celle qui s'était mise si complètement à son service; elle lui inspirait des délicatesses inouïes, des ruses charmantes; à la croire, c'était elle qui était l'obligée quand elle se rendait utile.

Faut-il s'étonner après cela de la prodigieuse influence qu'elle exerçait autour d'elle! Sa charité savait s'insinuer dans les cœurs et les remuer jusqu'au fond; Dieu seul sait combien, jusque dans ses relations mondaines, Mme Miquey a été apôtre.

IV

LA GUERRE — ORGANISATION DES SECOURS AUX BLESSÉS — Mme MIQUEY, PRÉSIDENTE DE LA SECTION DES VÊTEMENTS — LES PRISONNIERS DE GUERRE — HOMMAGES RENDUS AU DÉVOUEMENT DE Mme MIQUEY

La guerre est déclarée. Cette terrifiante nouvelle tomba comme un coup de foudre au milieu de nos populations alsaciennes. D'après toutes les prévisions, c'était notre province qui allait devenir le théâtre principal de la lutte, et l'imminence même du danger commandait une organisation rapide de tout ce que la charité a su inventer pour atténuer ce redoutable fléau.

A Mulhouse, on était à peine remis des inquiétudes qu'avait inspirées une grève presque générale des ouvriers de fabrique, et la misère, compagne habituelle de ces mouvements tumultueux, avait fait son entrée en ville. Beaucoup de familles ouvrières, après avoir attendu en vain l'or promis par les meneurs, vinrent à manquer de pain ; leur situation était d'autant plus difficile que la guerre allait, peut-être pour longtemps, interrompre tout travail.

Mais à l'approche du péril toutes les préoccupations individuelles s'évanouirent, la population entière se leva dans un magnifique élan de générosité et d'enthousiasme pour apporter son concours aux œuvres humanitaires et philanthropiques que la gravité du moment faisait naître.

La *Société française de secours aux blessés des armées de terre et de mer* fut la première au poste de l'honneur et du devoir. Née de la convention internationale de Genève, elle se préparait à secourir les victimes de la guerre et établissait dans tous les centres importants des comités auxiliaires chargés de la direction régionale du service des ambulances et des hôpitaux. Déjà, le 25 juillet, le comité auxiliaire de Mulhouse se trouvait constitué et fonctionnait régulièrement; l'unanimité des suffrages avait appelé, pour le présider, un homme que sa participation active à toutes les œuvres charitables désignait d'avance et dont le nom seul était déjà une garantie de succès, M. Auguste Dollfus.

Sous une direction aussi habile qu'expérimentée, le comité procéda rapidement à l'installation et à l'aménagement des locaux destinés aux ambulances et nomma un certain nombre de commissions secondaires. Il y eut le comité de publicité et du secrétariat général, le comité des finances et de l'économat, le comité des quêtes, le comité d'approvisionnement et le comité des dames. Ce dernier comprenait les sections suivantes : des pansements, des vêtements divers, de literie, des provisions, de la préparation des aliments, des soins aux blessés, du blanchissage. Quand l'intendant général du gouvernement, M. Uhrich, passa à Mulhouse, tout était prêt ; les ambulances improvisées contenaient cinq cents lits et pouvaient en recevoir cinq cents autres en cas de besoin.

Le comité était puissamment secondé par les habitants de la ville et des environs. Une liste de souscription se couvrait de signatures, et les sommes recueillies atteignirent bientôt le chiffre considérable de 102,749 fr. 29 c.[1], tandis que de nombreux dons en nature affluaient. Le service spécial organisé pour les recevoir mit trois semaines entières à les classer.

Entre temps se formaient des sections d'infirmiers volontaires tant pour le service des ambulances de la ville que pour celui des champs de bataille. Plus de quatre cents hommes s'étaient présentés.

« Le sort de la guerre, dit M. Delmas, n'a pas permis à ce corps, composé en majeure partie de jeunes gens, de remplir la mission qu'ils s'étaient proposée ; les malheurs de la France leur ont imposé de tout autres devoirs : tous, hélas ! ne reviendront pas. Honneur à leur mémoire ! »

Plusieurs groupes cependant purent se

[1] A cette somme il faut ajouter 48,832 fr. 35 c. recueillis pour l'Œuvre des prisonniers.

rendre, à travers mille obstacles et mille dangers, sur les champs de bataille et donner les premiers secours à de nombreux blessés. Nous citons de nouveau le rapport de M. Delmas :

« S'il est une heure où la promptitude des secours soit d'une impérieuse nécessité et où les bras manquent, c'est l'heure qui suit la bataille. Je ne parle point des engagements et des combats partiels ; là les infirmiers militaires suffisent à l'enlèvement des blessés ; mais lorsqu'une grande bataille a été livrée sur une étendue de sept à huit kilomètres en longueur, et quatre à cinq kilomètres en profondeur, ainsi que nous l'avons vu à Freschviller et à Metz, les blessés sont en si grand nombre et couvrent une surface telle que le service militaire, quelque bien organisé qu'il soit, ne peut suffire au prompt enlévement des victimes. La surface occupée par les combattants est couverte le plus souvent de bois, vignes, taillis, champs en culture où se réfugient les blessés ; il faut fouiller, pour ainsi dire, pour retrouver des malheureux qui n'ont plus la force de faire entendre un gémissement. Ce travail est long ; le transport du blessé, du point où il est tombé jusqu'au hameau le plus voisin, demande en moyenne une demi-heure par homme, y compris le temps du premier pansement très superficiel, et exige deux porteurs de civière. Étant admis que l'armée maitresse du champ de bataille y dirige sans retard 500 infirmiers militaires, ils pourront, en dix heures de travail sans relâche, enlever au maximum 5,000 blessés dans la première journée qui suit le combat. Je ne crois pas exagérer la vérité en admettant que sur le terrain des grandes luttes il tombe au moins 10,000 blessés des deux nations; il s'écoulerait donc vingt-quatre mortelles heures avant que la seconde moitié soit relevée.

« J'ajouterai que la rapidité que je présume est idéale, et j'en donnerai pour preuve que nous avons encore trouvé, le quatrième jour après la bataille de Freschviller, dans les bois, au-dessus de Morsbronn, des blessés qui respiraient encore et qui devaient probablement la vie aux pluies froides de ces quatre journées. Combien d'ailleurs périssent qu'on aurait pu sauver en les enlevant dans les premières heures qui suivent la bataille! »

Nous nous écarterions de notre but, si nous voulions raconter ce que firent sur les champs de bataille de Metz, du Doubs et de la Loire nos ambulances; on nous permettra cependant de reproduire ici une adresse votée par la municipalité d'Ornans, pour remercier les médecins et les infirmiers mulhousiens des services rendus dans les ambulances de cette ville.

« Ville d'Ornans (Doubs), le 22 février 1871.

« *A Messieurs les médecins et infirmiers de l'ambulance internationale de Mulhouse.*

« Messieurs,

« En prenant, le 28 janvier, la direction de l'ambulance établie dans les bâtiments du séminaire d'Ornans, vous avez rendu à notre ville un service qu'elle n'oubliera pas, et dont nous venons vous remercier au nom de tous nos concitoyens.

« Dans sa retraite vers les montagnes du Doubs, l'armée de l'Est laissait au milieu de nous des multitudes de soldats malades. Dès le 25 janvier, notre ambulance en comptait plus de cinq cents, et chaque jour en amenait de nouveaux. Nous n'avions, pour les secourir, qu'un seul médecin et quelques infirmiers ; leur zèle eût été impuissant en face de tant de misères.

« Heureusement la Providence vous a amenés dans notre ville. Vous avez accepté la lourde tâche de soigner nos malades, et cette mission vous l'avez remplie pendant trois semaines entières avec un dévouement et une intelligence qu'ont admirés tous ceux qui ont été les témoins de votre service.

« Votre première récompense est dans le sentiment du devoir noblement accompli. Mais nous tenons aussi à vous remercier, au nom d'une ville qui s'est vue préservée, par votre prudente activité, des malheurs que pouvait y amener l'encombrement des malades. Tandis que d'autres villes, moins heureuses, ont vu leurs ambulances perdre généralement jusqu'à dix pour cent de leurs malades, la nôtre, grâce à vos soins, n'en a perdu que cinq pour cent, puisque sur douze cents malades soignés par vous il n'en est mort jusqu'ici que cinquante-trois, et que tout fait espérer que ceux qui restent reviendront pour la plupart à la santé.

« Recevez donc, Messieurs, nos sincères remerciements, et agréez, etc.

« *Signé :* Le maire, HENRIOT ;
les adjoints, BOULEY et MATHEY
et quinze membres du conseil municipal
d'Ornans[1]. »

[1] Cette lettre et les citations précédentes sont tirées du *Rapport officiel de la Société française de secours aux blessés des armées de terre et de mer;* Comité auxiliaire de Mulhouse.

Le comité des dames déployait également la plus grande activité. Sa tâche, du reste, était fort complexe : il devait pourvoir aux nombreux besoins du premier moment, préparer des appareils de pansement, du linge, des vêtements, compléter l'installation des ambulances, organiser les secours à donner aux blessés. Mais telle était la promptitude avec laquelle travaillaient les différentes sections, que tout fut prêt comme par enchantement. Lorsque le premier groupe d'infirmiers quitta Mulhouse, le 6 août 1870, il put emporter des bandes, de la charpie, du linge de pansement et de corps; chaque nouveau groupe était muni par le soin des dames de provisions semblables.

Mme Miquey avait été nommée présidente de la section des vêtements, et, en raison même des circonstances, cette section devint bientôt une des plus importantes. Le théâtre de la guerre, assez éloigné de l'Alsace, avait ses ambulances, et celles qu'on avait installées à Mulhouse ne reçurent guère que des malades ou des blessés de passage. Leur nombre fut assez considérable cependant; on y admit, depuis le 15 septembre 1870 jusqu'au 12 mai 1871, 4,372 militaires, et le total des journées de traitement s'éleva à 24,385.

On comprend aisément qu'ici la section des vêtements rendit de très grands services. La plupart des malheureux reçus dans les ambulances arrivèrent dénués de tout, souvent même ils étaient à peine couverts, et il fallait alors les habiller complètement; d'autres, envoyés après leur rétablissement dans les places fortes de l'Allemagne du Nord, devaient être munis de couvertures et de vêtements chauds : la charité des dames du comité pourvut à tout : rien ne manquait à ces braves quand ils quittaient Mulhouse.

L'activité de la section redoubla lorsque, après les infortunes inouïes de la France, des milliers de soldats furent transportés en Allemagne. Leur dénuement était plus navrant encore que celui des malades et des blessés, ces derniers ayant trouvé souvent dans les ambulances militaires les pansements et les effets les plus indispensables. Pour les prisonniers ces adoucissements ne pouvaient exister; pris après la bataille, laissés sans abri quelquefois au milieu de la boue, de la neige ou de la glace, brisés par les longues marches et les privations sans nombre, ils traversaient l'Alsace entassés dans des wagons où une étroite surveillance les tenait confinés.

Mais qu'étaient ces épreuves auprès de

celles qui attendaient ces infortunés en Allemagne même! L'administration allemande s'était bien mise en mesure de recevoir les prisonniers de guerre; elle avait de plus fait des efforts pour adoucir leur sort, mais on n'interne pas coup sur coup près de 400,000 hommes sans qu'il en résulte des lenteurs d'autant plus cruelles qu'un climat plus froid et le retour de l'hiver venaient aggraver leur situation.

De tous les côtés se firent entendre d'éloquents appels en faveur de ces malheureux. L'Europe, l'Amérique envoyèrent des dons; il y eut une universelle et sublime manifestation de charité qui faisait dire à Mgr Dupanloup : « Que n'a-t-on pas fait déjà! et cela n'est rien en comparaison de ce que l'on fera encore, je l'espère, pour venir au secours des malheureuses victimes de la guerre! Que d'argent déjà généreusement versé, et, ce qui est plus digne d'admiration, que de nobles dévouements personnels! Combien d'hommes ont tout quitté, leur pays, leurs affaires, leurs familles, pour se mettre comme pourvoyeurs et infirmiers à la suite de nos pauvres soldats! C'est la grande armée de la charité qui accompagne l'armée de la guerre pour panser les blessures que celle-ci fait, et pour mettre partout l'amour à côté de ce qui ne ressemble que trop, hélas! à la haine. Je ne parle pas des héroïques dévouements de nos prêtres, de nos bons frères, de nos admirables sœurs de Charité : cela est si naturel que, même en l'admirant, nous ne saurions en être surpris. Mais tout cela est beau et grand; tout cela attirera les regards du Ciel et apaisera la justice divine. Tout cela, l'effet en est déjà visible à tous, frappe les esprits, émeut les cœurs et réconcilie les âmes, même les plus étrangères à la foi chrétienne, avec une religion qui inspire tant d'amour et qui enfante de si puissantes merveilles de charité. »

A Mulhouse ces cris de détresse et aussi ces puissants encouragements furent entendus; l'ardeur des dames du comité augmentait à mesure que les malheurs augmentaient, hélas! eux aussi. Elles organisaient des ouvroirs, des salles de travail, des ateliers de confection. Mme Miquey en avait la haute direction; elle faisait les achats, distribuait le travail, coupait elle-même des vêtements, s'assurait de la manière dont ils étaient faits, en prenait livraison, préparait les envois. Pendant tout le temps de la guerre, sa maison ressembla comme à un vaste magasin où venaient s'entasser ballots, vêtements, couvertures, livres et jusqu'à ces mille petits riens dont une charité ingénieuse savait se priver pour rendre plus supportable aux malheureux exilés les rigueurs de la captivité.

Quelquefois il fallait à l'improviste de grandes provisions. Un jour, un membre du comité arrive tout consterné chez Mme Miquey : « Madame, la misère parmi nos prisonniers est effroyable; il nous faudrait après-demain, au plus tard, 2,000 chemises; comment ferons-nous pour les avoir? » Mme Miquey avait une telle confiance dans le dévouement de ses auxiliaires, qu'elle répondit avec la plus grande assurance : « Vous les aurez, Monsieur, après-demain; veuillez faire préparer ce qu'il faut pour les expédier. »

Elle alla aussitôt prévenir les dames qu'elle connaissait, leur fit part de ce qu'on était venu lui demander, les pria de se charger de la confection d'un certain nombre de ces chemises et d'en distribuer autour d'elles. Tout s'exécuta rapidement; les 2,000 chemises furent coupées, confectionnées en ville, et livrées à l'heure indiquée.

Si ces cas étaient exceptionnels, les dames de la section des vêtements ne chômaient pas; c'était à qui fournirait le plus de travail, tant l'exemple de la présidente était entraînant et excitait à l'émulation. Le rapport officiel de la *Société de secours aux blessés* nous apprend que : « les dames chargées du service des vêtements ont confectionné elles-mêmes, ou fait exécuter dans les sociétés et ateliers de couture, le nombre d'objets suivants : 22,000 chemises de cretonne; 24,000 gilets de flanelle; 20,000 paires de chaussettes de laine; 10,000 paires de caleçons; 5,000 paires de chaussons; 3,000 ceintures de laine. Sur ce nombre, on dut payer la façon de 1,878 paires de caleçons, 1,370 gilets de flanelle, 3,080 chemises, 1,205 paires de chaussettes de laine; le reste a été confectionné gratuitement. »

Ces quelques lignes sont éloquentes dans leur simplicité: quelle somme de travail, que d'efforts et de sacrifices représentés par ces chiffres!

Au milieu des nombreuses occupations qu'entraînait la présidence d'une section si importante, Mme Miquey ne pouvait oublier les ambulances : si elle y paraissait assez rarement, c'était toujours avec ces affectueuses consolations qui débordaient de son cœur. On la voyait à l'ambulance du Cercle mulhousien, à celle de la gare surtout, aller de lit en lit, apporter aux malades et aux blessés une parole d'encouragement et de bienveillance; elle l'accompagnait d'une de ces gâteries dont elle avait le secret, d'un sourire affectueux quand ses provisions étaient épuisées. Pendant une de ces visites, elle découvrit, dans une salle écartée de l'ambulance de la gare, trois turcos atteints de la variole; ils étaient dans un état épouvantable, car la crainte de la contagion en avait éloigné jusqu'aux infirmiers. Mme Miquey ne se laisse pas arrêter : elle va trouver ces malheureux, leur remet du linge, des médicaments, panse leurs plaies hideuses, et, quand elle les quitte, ces farouches enfants du désert ne trouvent dans leur vocabulaire qu'un terme pour la remercier : « Toi, maman. »

Souvent les trains, remplis de prisonniers, ne s'arrêtaient que quelques instants; les charitables infirmières montaient alors dans les wagons pour y faire à la hâte leurs distributions de vivres, d'habits et de médicaments. Plusieurs coururent ainsi de grands dangers; surprises par le brusque départ du train, elles furent obligées de passer de longues heures dans ces foyers d'infection; descendre, c'eût été s'exposer au sort de l'héroïque Mlle Riton, de Strasbourg.

La besogne, on le comprend, n'était pas toujours facile; quelquefois la malpropreté et la vermine dans ces convois étaient telles qu'il fallait un effort énergique de volonté pour vaincre la répugnance. Un jour, on annonça un convoi de gardes mobiles, appartenant au corps d'armée commandé par le général Bourbaki. Beaucoup d'entre eux avaient eu les pieds gelés et ne pouvaient faire un pas. On les transporta le mieux qu'on put dans l'ambulance et dans les salles d'attente, pour leur donner les premiers soins. Le seul moyen de délivrer leurs pieds tuméfiés, couverts de plaies, des chaussures devenues trop étroites, était de couper ces dernières. Les dames infirmières se dévouèrent ; il y eut bien quelques protestations de la nature, quelques soulèvements instinctifs de répugnance, mais aucune ne recula, et elles terminèrent leurs pansements au milieu des cris arrachés par la douleur aux blessés et de l'odeur infecte exhalée par leurs plaies. Mme Miquey, présente à cette scène pleine de tristesse, a avoué qu'au premier moment elle fut prise d'un dégoût presque insurmontable; elle se rappela sainte Élisabeth de Hongrie soignant les pestiférés, et l'exemple de cette illustre sainte la fortifia.

Nous n'aurions tracé qu'une imparfaite esquisse de ce que fit la charité des dames du comité, si nous ne parlions pas d'un service particulièrement touchant, organisé pour donner des nouvelles aux familles des prisonniers. Chaque soldat français qui traversait la ville était prié de faire connaitre son nom et l'adresse des siens à des dames chargées de les inscrire, et le comité de secours faisait partir immédiatement une carte postale indiquant l'état de santé du prisonnier, le lieu où il avait été pris et la date de son passage à Mulhouse; d'après le rapport officiel il a été envoyé ainsi de 1,500 à 2,000 cartes.

Ce même rapport nous apprend que plus de 5,000 soldats français ont reçu des secours en nature et en argent lors de leur passage à Mulhouse; dans ce nombre ne sont pas compris ceux qui revenaient de la captivité et auxquels il fallut continuer ces distributions.

« Il faudrait consacrer encore bien des

pages au récit de tous les efforts, collectifs ou isolés, qui sont venus apporter à l'œuvre commune leur concours modeste et désintéressé. Nous tous qui en avons été témoins, nous en garderons religieusement le souvenir... Votre comité ne saurait cependant terminer son rapport sans inscrire dans ces pages, pour les désigner à la reconnaissance publique, les noms de M. le docteur Ehrmann, chef de notre ambulance à l'armée de l'Est, et, pour les services locaux, de M. le docteur Schœlhammer, de Mmes Huguenin, Miquey, Charles Kœchlin, Pierre Thierry, Dollfus-Dettwiller. Qu'il nous soit permis d'y joindre un témoignage spécial de notre gratitude pour le dévouement sans égal des sœurs de Niederbronn et des sœurs diaconesses; ce n'est pas seulement dans nos cœurs, c'est dans le souvenir affectueux des plus rudes soldats qu'est gravée pour toujours la mémoire de leur infatigable charité[1] ! »

Le gouvernement français voulut récompenser le dévouement dont Mme Miquey avait fait preuve en lui accordant la croix de la Légion d'honneur; sa modestie s'accommodait mal d'une distinction aussi flatteuse, elle la refusa en alléguant qu'elle n'avait fait que son devoir. Ce qu'elle ne put refuser, ce furent ces nombreux témoignages d'admiration et de reconnaissance qui lui arrivaient de tous les côtés, c'étaient les lettres par lesquelles les militaires qu'elle avait soignés et secourus lui exprimaient leur gratitude. Un Anglais fort distingué, M. James M. A. Long, qui avait suivi toutes les opérations de la guerre et distribué, au nom de la *Société des Amis*, d'abondants

[1] *Rapport du Comité auxiliaire de Mulhouse*, p. 9.

secours, lui écrivit une lettre touchante pour la remercier du bien qu'elle avait fait et du bel exemple qu'elle avait donné. Ici encore nous regrettons que la modestie de Mme Miquey nous ait privés de ces documents.

De toute cette correspondance nous n'avons pu retrouver que la lettre suivante; elle était jointe à un diplôme d'honneur et une médaille commémorative décernés par la Société française de secours aux blessés.

« Mulhouse, le 28 avril 1871.

« Madame,

« Pendant les longs mois qui viennent de s'écouler, vous avez bien voulu, avec un dévouement au-dessus de tout éloge, vous consacrer à l'œuvre philanthropique entreprise par le comité auxiliaire de Mulhouse; vous avez donné vos soins à l'organisation et à la surveillance de nos ambulances, à celle de l'œuvre des prisonniers qui a pu, grâce à votre savante et intelligente direction, rendre tant et de si sérieux services, à celle enfin si fatigante de la distribution des secours à la gare.

« Le comité, par mon organe, vous en exprime ses plus vifs et ses plus chaleureux remerciements, tant en son nom qu'en celui de tous les malheureux auxquels votre action coopérative lui a permis de venir en aide...

« Veuillez agréer, Madame, l'expression de mes sentiments de haute considération,

« Le président,

« *Signé :* Auguste DOLLFUS. »

V

ŒUVRES DE Mme MIQUEY — ORPHELINATS — LE CERCLE CATHOLIQUE DES JEUNES GENS — AUTRES ŒUVRES EN FAVEUR DE LA JEUNESSE

Le traité de Francfort avait laissé aux Alsaciens-Lorrains la liberté de l'option pour la nationalité française, tout en imposant à ceux qui voulaient rester fidèles à leur ancienne patrie l'obligation de quitter les pays annexés. C'est parmi les habitués de la maison Miquey que se firent les premiers vides. Dès la conclusion de la paix, tous les fonctionnaires de l'État se virent dans l'obligation de rejoindre leurs administrations, beaucoup de Mulhousiens les suivirent.

Pendant un moment, M. Miquey était presque décidé à les imiter et à s'établir aux environs de Gray, où l'appelaient à la fois ses souvenirs de jeunesse et les vœux de ses amis. Mme Fillat, la vénérable mère de Mme Miquey, s'y opposa. De cœur et de fait enfant de l'Alsace, il lui en coûtait trop de quitter la terre qui l'avait vue naître et dont les suaves douceurs avaient pour elle ces charmes puissants qui empêchent à jamais l'oubli. D'autre part, Mme Miquey voyait plus que jamais tout le bien à faire dans la grande ville industrielle de Mulhouse, et il lui semblait qu'abandonner tant d'œuvres, au moment critique d'une transformation complète de toutes les institutions précédentes, c'était amener leur perte ou au moins compromettre gravement leur succès. Elle rentra donc modestement dans l'oubli, heureuse de retrouver ses pauvres et de reprendre son existence laborieuse d'autrefois.

Sa maison était devenue déserte et silencieuse; de loin en loin quelques visites d'amis rappelaient les beaux jours d'autrefois; mais les salons ne s'ouvraient plus qu'à eux et aux membres des œuvres catholiques de la ville. Dans l'âme de Mme Miquey le travail de la grâce s'achèvera pendant ces années d'active solitude et la détachera de plus en plus du monde; mûrie par la souffrance et fortifiée par une longue expérience, elle se mettra tout entière au service de la charité et assumera dans toute sa plénitude cette mission d'affectueuse pitié que l'antiquité déjà confiait à la femme au milieu des haines et des divisions qui se partagent l'univers.

Peu avant les événements de 1870, M. Miquey avait pris une grande part à la fondation d'un orphelinat agricole à Kembs; mais la guerre entrava la marche de l'établissement, et bientôt il fallut le fermer. Cet échec fut très pénible pour Mme Miquey et son mari. La Providence, qui sait tirer le bien du mal, le permit afin de tourner leur attention vers deux œuvres dignes de la plus haute sympathie, l'orphelinat du R. P. Joseph à Douvaine (Haute-Savoie), et celui des sœurs de Niederbronn à Mulhouse. Chez le R. P. Joseph se fait ce qu'on attendait de l'orphelinat agricole de Kembs; des enfants arrachés aux vices et à la corruption des grandes villes, à l'abandon et à la misère, y reçoivent une éducation chrétienne et s'initient sous la direction de maîtres dévoués aux différents travaux de l'agriculture. Mme Miquey eut la consolation d'apprendre que la voix la plus autorisée d'ici-bas a encouragé et recommandé cette œuvre comme la plus apte à élever dans la pratique de la religion et de la vertu les jeunes orphelins : « Nous apprécions, en effet, disait Léon XIII dans un bref adressé le 3 février 1886 à Son Éminence le cardinal Desprez, archevêque de Toulouse, le grand secours et le puissant moyen de salut qu'elle offre à tant d'infortunés enfants délaissés dans les campagnes par suite de la mort ou de la négligence de leurs parents, et qui, privés de surveillance et d'instruction, exposés à l'isolement et à la misère, se seraient perdus pour la plupart dans leur adolescence. Tous ceux, au contraire, que votre charité protège trouveront un soulagement à leur pauvreté, un refuge pour leur vertu, lorsque, dressés à l'agriculture, ils seront formés ensemble avec soin aux mœurs chrétiennes. Cette institution, très salutaire par elle-même, est d'autant plus opportune que sous l'influence des circonstances actuelles, les temps sont tels que l'enfant entre dans l'adolescence au milieu de périls qui l'entourent de toutes parts. »

Pour ces raisons, Douvaine, plus tard Saint-Joseph-du-Lac, et leur fondateur étaient chers à Mme Miquey; elle en parlait avec la plus vive admiration et tenait à honneur de figurer chaque année sur les listes de souscription. Le R. P. Joseph était, du reste, un vieil ami de la maison; il s'y arrêtait souvent quand ses courses apostoliques le conduisaient en Alsace.

Hâtons-nous d'ajouter que chaque visite du charitable et dévoué missionnaire donnait un nouvel essor à l'activité que la pieuse zélatrice déployait en faveur des œuvres mulhousiennes, et l'engageait à se consacrer toujours davantage à celles qui réclamaient plus particulièrement son intervention.

L'orphelinat a toujours été une lourde charge pour les sœurs de Niederbronn; elles reçoivent gratuitement la plupart des enfants, et toutes leurs ressources sont dues uniquement à la charité. Mme Miquey venait quelquefois fort à propos tirer la supérieure de l'embarras où la mettait la nécessité de faire face à des dépenses très considérables. Quelques jours après la déclaration de la guerre, les sœurs se voyaient à bout de ressources; les provisions étaient épuisées, et comment trouver de l'argent au milieu de l'affolement qui s'était emparé de toute la population? La supérieure alla trouver Mme Miquey et lui exposa sa détresse. Agir vite, c'est quelquefois faire doublement le bien : aussi, dès les premiers mots, Mme Miquey prit un billet de mille francs et le remit à la sœur en lui disant : « Je viens de recevoir deux mille francs pour mes dépenses de ménage ; partageons, prenez ce billet et achetez de la farine afin qu'au moins vos orphelines aient du pain. » Sa générosité ne s'arrêta pas là ; elle sut si bien faire appel à la charité collective, que vers 1880 les sœurs purent songer à ouvrir également un orphelinat de jeunes garçons.

L'Ouvroir des dames imita sa présidente et prit cette œuvre sous son patronage : il organisa une loterie chaque fois que les besoins devinrent plus pressants. Cette loterie était encore une des grandes préoccupations de Mme Miquey ; c'est elle qui faisait les démarches auprès des autorités, recueillait les lots, plaçait les billets, présidait le tirage, et, quand tout était fini, elle recommençait les mêmes démarches, les mêmes courses, les mêmes fatigues en faveur de la loterie de la Conférence de Saint-Vincent-de-Paul.

Les orphelins des sœurs n'ont pas oublié la bonté toute maternelle qu'elle savait à toute occasion leur témoigner; ils se rappellent surtout une petite fête organisée chaque année pendant les vacances dans le jardin du cercle catholique par ses soins et ceux d'une famille également dévouée. C'étaient de bruyantes et joyeuses promenades, des jeux variés, des petits goûters sur l'herbe, en plein air; Mme Miquey présidait avec quelques autres dames de ses amies et souriait amicalement à ces jeunes figures radieuses où chaque trait exprimait le contentement.

Nous ne pouvons que mentionner ces œuvres; il nous est plus facile d'insister sur celle où sa main et son influence se montrèrent à tout instant, le cercle catholique des jeunes gens. Sur l'invitation de M. le chanoine Sester, curé de Saint-Étienne, M. l'abbé Clemens, alors premier vicaire, entreprit de réunir les jeunes gens en association. Les débuts furent laborieux; à peine la jeune société était-elle née que la guerre éclata et la fit oublier. Elle vécut néanmoins, n'attendant que l'heure propice pour paraître au grand jour. Au prix de quels efforts et de quels sacrifices le directeur arriva-t-il à contenter tant de jeunes impatiences? C'est son secret; toujours est-il que sa société se développa, et, quand il dut quitter Mulhouse, il pouvait avec assurance la remettre à son successeur, car elle avait victorieusement lutté et triomphé des premières difficultés. L'habile et dévouée direction de M. l'abbé Rœllinger fit le reste. Bientôt le premier berceau de l'œuvre, — une salle de l'école des Frères, — devenait trop étroit. Aux petites séances récréatives, car déjà on s'essayait très timidement à l'art dramatique et aux productions musicales, le local était tellement insuffisant qu'il fallait tout l'art ingénieux du directeur et des frères pour y trouver avec une petite scène la place nécessaire aux spectateurs. On applaudissait néanmoins, et on sortait gagné à une œuvre si riche en promesses d'avenir.

Mme Miquey fut une des premières à lui faire une large part dans ses affections et à lui prêter son concours matériel et moral; son mari partageait ces sentiments, et à partir de ce moment ils furent acquis au cercle. Il serait difficile d'énumérer, même sommairement, ce qu'ils ont fait pour lui; nous serons plus près de la vérité en disant qu'avec leur concours le directeur fit tout.

Au commencement ils se chargèrent d'une partie des dépenses, payèrent la location des différents jardins qui servaient de lieu de réunion en été, et, ce qui était plus précieux, entreprirent de grouper autour des jeunes gens de nombreux et dévoués bienfaiteurs. Plus tard, quand on put songer à établir définitivement l'œuvre, un don princier, dû à leur générosité, permit d'élever la superbe construction qui l'abrite et d'acquérir un immense jardin situé au sommet même de la colline qui domine Mulhouse. La cause était gagnée : de M. et de Mme Miquey la sympathie pour le cercle s'étendit à tout ce que Mulhouse compte de généreux; les bienfaiteurs et les amis complétaient l'œuvre des premiers donateurs et lui donnaient son couronnement. Mais, même parmi tant de noms consignés avec une affectueuse reconnaissance dans le livre d'or du cercle, beaucoup y ont pris place grâce à Mme Miquey. Elle avait une manière à elle de les enrôler; elle savait, sans en avoir l'air, éveiller leur intérêt pour la société, la leur faire admirer, si bien que quand elle prenait congé elle pouvait dire le plus naturellement du monde : « Mais, n'est-ce pas, je puis aussi vous inscrire parmi les bienfaiteurs du cercle? » On ne pouvait refuser, et le cercle comptait un ami de plus. Presque toujours c'était elle-même qui recueillait les souscriptions; elle voulut donner jusqu'à la fin cette preuve de dévouement au cercle[1].

[1] Extrait du Registre des délibérations du comité de direction du cercle (séance du 7 mars 1882) :

« En ce qui concerne le compte des souscriptions,

Là où nous la trouvons encore, c'est aux réunions du local en hiver, et au jardin en été. Elle tenait à encourager les jeunes artistes par sa présence et à retrouver ses souscripteurs; on la voyait alors saluant de tous côtés, donnant partout un témoignage d'intérêt. C'était au point qu'un concert ou une représentation

il résulte d'un rapport de Messieurs les Commissaires, qu'à partir du 28 octobre 1880 jusqu'à ce jour, les dons volontaires d'une série de souscriptions se sont élevés à la somme de 6,130 fr. 05 c.

« Messieurs les Commissaires font observer que ce résultat est dû en très grande partie aux efforts et à l'esprit de charité inépuisable de Mme Miquey, qui n'a cessé de manifester sa sollicitude pour l'œuvre si utile du cercle, et demandent que le comité vote des remerciements à Mme Miquey.

« Le comité, à l'unanimité des voix moins une, — celle de M. Miquey, — se fait un devoir d'adopter ces conclusions du rapport, et charge son président de transmettre à Mme Miquey l'expression de sa profonde reconnaissance. »

sans M. et Mme Miquey eût été un événement ; on était tellement habitué à les trouver dans ces réunions que sans eux elles semblaient perdre une partie de leur charme.

Mme Miquey se rendait d'ailleurs extrêmement attentive à tout ce qui concernait la vie du cercle; elle voyait en lui tout l'avenir religieux et économique de Mulhouse, et elle ne négligeait aucune occasion de lui être utile. Dans ses courses à travers la ville, elle entrait inopinément dans une maison ouvrière : c'était un jeune homme malade qu'on lui avait signalé et qu'elle tenait à visiter; ailleurs c'est un égaré qu'il faut ramener à de meilleurs sentiments; ailleurs encore, c'est une explication à donner à des parents peu bienveillants. Les besoins religieux, eux aussi, ne lui échappaient pas; quand on introduisit la messe des jeunes gens, elle applaudit vivement à cette innovation, et c'était une fête de cœur pour elle d'y assister. La section de *Patronage,* fondée vers la même époque, avait également à ses yeux une haute importance. On sait que cette section est spécialement chargée dans nos cercles catholiques des œuvres de zèle et de dévouement. C'est elle qui visite les malades, distribue les secours, trouve des emplois, propage les bons livres, encourage les pieuses pratiques et prêche d'exemple; elle forme comme le grand lien moral qui relie toutes les autres sections et les rattache au but de l'œuvre. Nous nous rappelons encore avec quelle satisfaction Mme Miquey nous annonça la création de cette nouvelle section; elle voulut prendre part à ses travaux, et elle se mettait humblement à sa disposition pour les démarches difficiles ou les aumônes plus abondantes. C'est de sa cave que venaient ces vins fortifiants de Bordeaux et d'Espagne qu'on portait aux malades, c'est par elle encore que se faisaient les distributions de linge et de vêtements.

Rien n'est de nature à resserrer davantage les liens entre les classes sociales que l'action en commun; mais cette union devient plus forte si une charitable fraternité sait effacer les distances et atténuer les contrastes. Pour arriver à ce but, Mme Miquey réunissait une fois par mois les différentes sections dans son salon. Elles venaient à tour de rôle, et ce tour était impatiemment attendu. Voici comment le *Vereinsblatt*, la feuille officielle du cercle, nous décrit ces charmantes fêtes:

« Nous sommes assis dans le salon de l'un des plus dévoués bienfaiteurs du cercle catholique. Il est huit heures du soir, et c'est la première soirée de l'année 1884.

« De grandes tables se dressent çà et là, un peu partout; rondes, carrées, pour tous les goûts et pour tous les caprices. Sur ces tables s'étalent de magnifiques albums, de splendides photographies, de belles gravures, des livres signés de la main de nos meilleurs artistes. C'est un petit musée, ou, pour mieux dire, une véritable galerie de chefs-d'œuvre, tableaux et portraits, tirés de l'histoire, de la littérature, de l'antiquité, de la religion, de l'Église.

« Nous aimerions bien revoir là les trésors de Rome, la cité des papes et la capitale des empereurs, mais la porte s'ouvre et les invités arrivent, tous fidèles à une invitation dont ils ont le droit d'être fiers. Ce ne sont que des jeunes gens, des membres du cercle catholique, des amis. Quelles radieuses figures et, ajoutons de suite, quelles bonnes figures! C'est le cercle avec ses plus chères espérances! Ils se réunissent en famille autour de celui que, dans leur pieuse reconnaissance, ils appellent leur « parrain ». Ils n'ont pas l'habitude du monde, et cependant ils se présentent avec une certaine aisance, sans trop de timidité, sans gaucherie, plusieurs même saluent avec un respect mêlé d'affection. Du reste, le parrain est si bon! et la maîtresse de maison sait si bien rendre les fortes étreintes de ces mains habituées au travail!

« La salle se remplit vite, car chacun vient à l'heure; il n'y a pas de retardataires. La maîtresse de maison et le parrain se multiplient pour caser leurs chers protégés, leurs jeunes amis. Ce n'est pas facile: ces protégés, ces amis sont si nombreux! Les tables se garnissent ainsi de couronnes vivantes de jeunesse et de bonheur. C'est le plus charmant spectacle qu'on puisse imaginer. La joie arrive sans effort, sans contrainte; elle déborde du cœur de tous, naturelle, expansive, sans être trop bruyante. Chaque table a son cachet particulier, sa physionomie spéciale, nous allions dire sa propre gaieté. N'est-ce pas là un charme et un attrait que les salons du monde ont perdu depuis longtemps? Ici on sait causer ; ici on sait rire, on sait s'amuser; on sait mieux encore, on sait réjouir les maîtres de la maison et chanter l'hymne de la reconnaissance.

« Nos jeunes amis n'oublient point que noblesse oblige; ils veulent se montrer dignes de l'honneur qui leur est fait. La soirée est agrémentée de musique et de chant, voire même d'une petite mise en scène. Tour à tour sérieux et comiques, ils réalisent, sans le savoir, la parole du poète:

Omne tulit punctum qui miscuit utile dulci.

« Le temps s'écoule comme autrefois dans l'Éden, et l'on semble vraiment revenir à l'antique âge d'or. Les tables ont pris, comme par enchantement, un autre aspect. Des verres du plus pur cristal, des plats de choix, des tours énormes prêtes à subir un pacifique assaut, des gâteaux comme on sait en faire à l'approche des Rois, du vin comme on en sert dans la demeure des princes, le tout présenté, servi par la maîtresse de maison, il y a là de quoi enthousiasmer nos jeunes amis. Comme on se sent heureux de voir cette jeunesse si contente et si joyeuse! Comme on comprend bien ici la bienfaisante action de la charité et la salutaire influence du patronage chrétien!

« Mais comment se taire quand du cœur de tous déborde, avec la joie et le bonheur, la plus affectueuse reconnaissance? Le directeur du cercle, le père et l'ami de tous, se fait en quelques paroles l'interprète des sentiments de piété filiale de tous les invités, et au nom du cercle, il remercie les généreux bienfaiteurs de ce dévouement si plein de foi profonde, d'exquise délicatesse et de cordiale condescendance,

« Et ainsi arrive trop tôt pour tous la fin de cette délicieuse soirée; il est dix heures; les jeunes gens se retirent et rentrent dans leurs familles pour raconter à tous les impressions de cette amicale et fraternelle réunion. Chacun de nos lecteurs l'aura compris: une fête de ce genre n'est pas une réunion ordinaire d'amis, réunion plus ou moins joyeuse. C'est une véritable école du respect, où la grandeur morale, la beauté de l'âme, la droiture du caractère, l'honneur et la dignité grandissent et se développent sous le patronage de la charité chrétienne.

« Aussi n'est-ce pas seulement une fois par an que ces réunions ont lieu; depuis près de deux ans, chaque premier dimanche de chaque mois, le salon s'ouvre à de nombreux invités. C'est une faveur accordée aux plus dignes, une récompense donnée à la vertu. Et voilà comment le cercle se réunit dans un salon, grâce à une délicatesse qu'il suffit de citer pour la faire admirer. »

Une des dernières de ces réunions intimes fut celle du 1er janvier 1886. M. Miquey venait d'atteindre ses quatre-vingts ans, et M. le chanoine Winterer, présent à la petite fête de famille, prononça une de ces allocutions où le merveilleux à-propos et le charme de l'esprit s'unissent aux inspirations les plus élevées. Mme Miquey se sentit émue jusqu'aux larmes; comme involontairement la pensée de la séparation se présenta à elle; le soir de la vie, la fin d'une longue et féconde carrière lui apparaissaient, mais c'était à la manière de ces jours d'été dont les dernières heures, empourprées par le soleil couchant, annoncent un réveil plus souriant et un lendemain plus beau. Qui eût pensé, en ce jour heureux, que, trois mois après, ce digne vieillard serait plongé lui-même dans un deuil si profond, et qu'il accompagnerait à sa dernière demeure celle qui semblait devoir lui survivre de longues années!

Parmi toutes les infortunes, celle qui touchait le plus Mme Miquey, ce fut l'abandon dans lequel des parents insouciants laissent leurs enfants sous le rapport religieux. Il s'élève là une génération indifférente et presque païenne sur laquelle le christianisme ne peut agir efficacement, parce qu'elle a grandi comme en dehors de lui. A Mulhouse, ces cas sont heureusement assez rares, mais Mme Miquey, qui aurait volontiers donné sa vie « pour que le cœur de Jésus fût aimé et consolé seulement un instant », se mettait à la recherche de ces âmes et les amenait à la connaissance et à l'amour de Dieu. Que de jeunes gens de quinze, de dix-huit et vingt ans firent, grâce à elle, une bonne première communion et persévérèrent dans le bien !

Un autre genre d'apostolat, plus pénible et plus rebutant, l'attirait en raison de ses difficultés mêmes, c'était celui des malheureuses vouées au vice et tombées dans la dernière des dégradations. Quand elle avait pu décider l'une d'elles à changer de vie, elle l'envoyait aux religieuses du Bon-Pasteur, à Strasbourg, lui préparait un petit trousseau, lui payait son voyage et la conduisait elle-même à la gare. Quelquefois dans ces infortunées le vice reprenait le dessus; elles revenaient à leurs premiers désordres, mais il est de l'essence de la vraie charité de ne jamais se lasser. Mme Miquey ne se lassait pas; elle épiait une occasion, et elle disputait sans relâche ces pauvres âmes au mal qui menaçait de les perdre pour toujours. Cet apostolat n'était pas sans lui susciter des contradicteurs: on lui faisait entendre que tous ses efforts seraient en pure perte; mais elle était de ces cœurs généreusement optimistes qui ne désespèrent pas de l'humanité, et qui comprennent le prix d'une âme rachetée par le sang de Jésus-Christ. A toutes les objections elle répondait : « Je ferai tout ce que je pourrai pour gagner une âme à Jésus-Christ. »

Dieu bénissait cette grande charité en multipliant les fruits de la grâce et les trésors de sa miséricorde dans ces âmes ramenées au bien. Mme Miquey eut la consolation de voir son zèle justifié par la conversion de plusieurs. Quelques-unes même embrassèrent la vie austère des Madeleines, et rachetèrent ainsi dans la pratique de la pénitence la plus rigoureuse les fautes de leur passé.

Parmi les œuvres dont cette femme de cœur voulait doter Mulhouse figurait en première ligne un monastère du Bon-Pasteur. Son vœu a été exaucé; elle n'en a pas été témoin sur cette terre, mais cette fondation si éminemment chrétienne et charitable peut encore lui être attribuée; c'est elle qui l'a laborieusement préparée par de nombreuses démarches.

VI

VERTUS DE Mlle MIQUEY, SON ESPRIT DE FOI — SON AMOUR DE DIEU — SA VIE MORTIFIÉE — SES RETRAITES — ROME ET LOURDES

Les œuvres multiples auxquelles Mme Miquey a attaché son nom ont rendu son souvenir précieux devant les hommes ; cependant on la connaîtrait bien peu si on voulait la juger seulement par ce qu'il y a eu d'apparent dans sa vie. Son vrai mérite est ailleurs, dans ce fonds si riche de vie intérieure qu'elle cachait soigneusement et qu'elle cherchait à augmenter chaque jour par de nouveaux progrès dans le bien, par de nouvelles victoires sur ce qu'il pouvait y avoir encore d'imparfait dans son cœur.

Le premier et le principal aliment de cette vie était sa foi. En tout elle voyait Dieu : il était présent sans cesse à sa mémoire et guidait toutes ses actions. Une des résolutions que nous trouvons le plus souvent sous sa plume, c'est de « faire des œuvres qui n'ont que Dieu seul pour témoin... »

« ... Dieu seul témoin et mobile de tout... Toute œuvre de charité, si grande qu'elle soit, n'a par elle-même aucun mérite réel devant Dieu, si elle n'est pas inspirée par notre amour pour lui... En terminant aujourd'hui mon chemin de croix, j'ai donné mon cœur à Dieu, c'est-à-dire, je ne veux plus avoir de cœur, je ne veux plus rien sentir de ce qui le fait jouir ou tressaillir, si ce n'est pour Dieu. Je lui ai demandé et lui demande tous les jours d'être morte à tout ce qui est non seulement mondain, mais simplement naturel. Que tout me soit pénible, afin que je ne goûte plus jamais que Dieu seul ! »

Cet amour de Dieu se traduisait par l'amour et la recherche de la perfection :

« Faire toujours ce qu'il y a de plus parfait en toute chose, en faire le vœu à Dieu... Chacun a son tourment : un des miens est que toute obligation me paraît trop facile, trop simple. Le vœu de perfection serait facile si on le comprenait bien ; car qu'est-ce que la vie sans la recherche absolue de la volonté de Dieu? Il me semble que je me ferais tuer pour que le cœur de Notre-Seigneur fût seulement consolé un instant ! »

Quel héroïsme d'amour de Dieu dans ces lignes dignes de sainte Thérèse ou de sainte Françoise de Chantal ! Et encore ces sentiments ne sont que les pâles reflets de ceux qui s'emparent de son âme auprès du trône eucharistique, pendant ces longues heures qu'elle passait chaque jour en adoration devant le saint sacrement : « Qu'il fait bon être seule avec Jésus, devant le saint sacrement ! Dans cette solitude on oublie toute la terre, on ne pense qu'à Dieu et on lui dit : Comme je vous aime, mon Dieu, et uniquement pour vous-même ! Je lui dis encore : O Jésus, aimez les saints plus que moi, ils le méritent; jetez un regard de préférence sur tous mes frères, cela est juste; mais, je vous en conjure, que sur la terre nul ne vous aime plus que moi ! »

Elle choisissait pour ces adorations la place la plus retirée de l'église, près de la chapelle du Sacré-Cœur. Là, cachée derrière un pilastre, elle pouvait en toute liberté contempler et méditer les sublimes mystères de la présence réelle.

La grande école de Mme Miquey, c'était la croix, c'était Jésus souffrant ; elle trouvait dans le sacrifice volontaire de l'Homme-Dieu une force qui lui faisait supporter toutes les fatigues et lui rendait douces toutes les privations. On ne saura jamais combien elle a eu l'amour de la souffrance et de la mortification.

Le jeûne était devenu une de ses habitudes ; elle ne rentrait ordinairement que vers midi, après avoir passé toute sa matinée à visiter ses pauvres ou ses malades, et, jusqu'à ce moment, elle n'avait rien pris. A table elle se privait, par esprit de pénitence, de ce qu'elle aurait aimé, et cette sobriété presque claustrale, elle savait la dissimuler si bien que pendant longtemps sa famille même l'ignora. Ce que les siens ignoraient également, c'étaient les mortifications dont ses longues courses lui fournissaient l'occasion ; elle en avait habituellement les pieds tellement enflés qu'elle se voyait obligée de porter des chaussures fort grandes ; elle riait quelquefois en pensant aux critiques qu'elle s'attirait par là dans le monde élégant.

Pour augmenter ces austérités, elle avait recours à des inventions dont elle avait le secret et qu'elle se gardait bien de faire connaître. Un jour cependant, ses pieds étant enflés plus que de coutume, elle fut dans la nécessité d'appeler sa femme de chambre et de se faire ôter ses chaussures. Entre le bas et la chair apparut alors une bande hérissée de pointes qui avait laissé tout autour du pied des piqûres bleuâtres :

« Surtout n'en dites rien, » s'écria Mme Miquey. La recommandation fut suivie, et le secret gardé jusqu'à sa mort.

Chaque année, une retraite de plusieurs jours venait confirmer le travail de la grâce. En 1860, elle résume ainsi ses impressions : « On ne doit point chercher à trop pénétrer les choses spirituelles ; contente-toi de connaître Dieu, ce qu'il a fait pour toi, ce qu'il te demande et la manière dont tu le lui donneras; cela suffit. Soumets-toi à la volonté d'autrui en tant qu'elle ne sera pas contraire à ce que Dieu ordonne ; souviens-toi que Notre-Seigneur a été soumis même à ses bourreaux, parce qu'il voyait en eux la volonté de son père. Sois sans volonté, afin de pouvoir te plier en tout à celle de Dieu, comme la cire qui, devant le feu, prend toutes les formes qu'on veut lui donner.

« ... En ne désirant en tout que le parfait accomplissement de la sainte volonté de Dieu, tu posséderas toujours la paix. Ne t'attache pas avec complaisance à tes actions, et sois toujours dans la disposition de les interrompre volontiers et avec égalité d'âme, si cela était nécessaire ; dans ce cas, fais à Dieu le sacrifice de ta volonté... Ne vivons pas dans l'avenir, il ne nous appartient pas ; mais mettons à profit le présent, lui seul est entre nos mains... »

A quelques kilomètres de Belfort, dans les premières ondulations des Vosges, se cache le prieuré de Saint-Nicolas, habité par des religieuses dominicaines. Mme Miquey aimait cette pieuse maison, et, afin de s'y rattacher par un lien de plus, elle demanda à faire partie du tiers-ordre séculier de Saint-Dominique. Cette faveur lui fut accordée, comme bien on pense, et à partir de ce moment elle ajouta les austérités de la règle à toutes celles qu'elle pratiquait déjà. C'est également à Saint-Nicolas qu'elle allait faire sa retraite ; elle se trouvait là dans une atmosphère de calme et de sainteté qui prédisposait son âme au recueillement et à la méditation.

A la fin d'une retraite de cinq jours, dirigée par le R. P. Balme, elle écrit :

« Je ne puis assez songer aux bienfaits sans nombre qui sont semés sur mes pas au fur et à mesure que j'avance dans la vie. Chaque fois qu'un besoin se fait sentir, Dieu vient à moi pour m'aider, m'éclairer. Je corresponds mal à toutes ses grâces : pas assez d'énergie, de rectitude dans tout ce que je fais ; à partir d'aujourd'hui je commencerai une vie nouvelle, plus intérieure... Notre-Seigneur me recommande bien instamment de ne pas me donner avec un tel abandon au monde. J'appelle *donner*, parler de soi, de ce que l'on fait, de ses œuvres, de ses travaux. Ne rien en dire à personne... J'éviterai le monde, les conversations trop prolongées; dans mes relations avec mon prochain, je ne m'occuperai que de lui et je ne dirai rien de moi. On ne s'en étonnera seulement pas; on est si heureux de parler de soi, que ma manière d'agir ne sera pas remarquée... Lire ces lignes à la retraite du mois, le premier vendredi et le premier samedi de chaque mois. »

La fidélité à ce dernier exercice était pour beaucoup dans les progrès que Mme Miquey faisait dans la perfection chrétienne; elle le comprenait très bien et elle s'en faisait une obligation rigoureuse : « Ne pas manquer, chaque premier vendredi du mois, de faire ta retraite : retour sur toi-même, considérer l'état de ton âme ; beaucoup prier ce jour-là et le samedi suivant; comme lecture, choisir la vie de sainte Thérèse ou son *Traité de la prière.* »

Quel est le chrétien qui ne s'est pas senti puissamment attiré vers ces lieux bénis où la foi se retrempe dans les vivifiants souvenirs du passé, où tout parle des immortelles gloires de l'Église, où tout chante les infinies miséricordes du Seigneur? Le printemps de l'année 1876 vit Mme Miquey à Rome. Elle avait depuis longtemps le désir de « voir Pierre » et de s'édifier dans les sanctuaires de la Ville éternelle. Pie IX, de sainte et douce mémoire, allait arriver au terme de son long pontificat; mais il avait conservé la prodigieuse énergie de son caractère, et, dominant la vieillesse et les infirmités, il continuait à recevoir avec sa bienveillance toute paternelle les nombreux pèlerins que la dévotion envers les saints apôtres et le vicaire de Jésus-Christ conduisait à Rome. Mme Miquey eut le bonheur de lui être présentée avec un groupe de dames françaises. Lorsque le camérier de service la nomma, la figure de Pie IX devint souriante.

« Ah! vous êtes de Mulhouse, lui dit-il; c'est une ville où il y a beaucoup et de fervents catholiques, et où se fait beaucoup de bien. Allez, ma bénédiction vous accompagne; je vous bénis ainsi que tous les vôtres, je bénis tous les objets de dévotion que vous avez ici, je bénis vos œuvres, je bénis Mulhouse! »

Ces paroles de l'illustre pontife sont restées gravées dans le cœur de Mme Miquey; elle les répétait volontiers, car elle attribuait à cette bénédiction le développement de plusieurs de ses œuvres, du cercle catholique notamment.

Mgr Mermillod, la noble victime de l'intolérance genevoise, avait reçu de Pie IX une hospitalité qui rendait plus douces les épreuves du pasteur éloigné de son troupeau. Mme Miquey l'avait connu à une époque où il était curé de Notre-Dame, à Genève, mais où son zèle et son éloquence lui avaient valu déjà la plus grande célébrité. A Rome, le successeur de saint François de Sales continuait ses prédications apostoliques, et les nombreux auditeurs qui se pressaient autour de sa chaire emportaient au loin le souvenir de la charité avec laquelle il se mettait au service de leur dévotion.

Le lundi de Pâques 1876, il avait bien voulu célébrer la sainte messe dans la prison Mamertine, à l'intention des dames du pèlerinage français, et leur adresser une allocution dont Mme Miquey nous a conservé un passage qui avait dû plus particulièrement la frapper :

« La femme chrétienne doit être apôtre toujours, c'est la mission que Notre-Seigneur lui a donnée sur cette terre ; elle doit être apôtre dans sa famille, apôtre dans le monde, apôtre auprès des pauvres et des malades, apôtre toujours et partout. Allez, femmes chrétiennes, je vous envoie comme Notre-Seigneur a envoyé ses apôtres ; allez prêcher l'Évangile par vos vertus, par les œuvres de votre charité ; soyez apôtres, s'il le fallait, jusqu'à la mort ! »

Ce séjour à Rome dura six semaines et se termina par un pèlerinage à la Santa-Casa de Lorette. A Rome, c'était Pierre, c'était l'Église dans ses luttes et ses triomphes ; à Lorette, ce fut Nazareth avec Jésus, Marie, Joseph et les mystères de la vie cachée. Ces souvenirs d'un pieux pèlerinage, Mme Miquey les gardait dans son cœur comme un précieux parfum; elle oubliait sans regret les trésors artistiques et les sites enchanteurs qu'elle avait visités, pour ne plus voir que Saint-Pierre, le Vatican et Lorette.

C'est à Lourdes, où elle s'était rendue en août 1880 avec le pèlerinage alsacien, que la Providence lui réservait une grande grâce. Jusque-là elle s'était crue indigne de s'approcher tous les jours de la sainte table, malgré le vif désir qu'elle en avait; aussi quand le R. P. Sempé, auquel elle s'était adressée, lui conseilla la communion quotidienne, elle allégua encore son imperfection et ses défauts. Il fallut un ordre formel du religieux pour l'obliger à demander cette permission à son confesseur ordinaire; mais par humilité toujours, et suivant le conseil de saint Liguori, elle se privait une fois par semaine des délices de la sainte communion.

Les dernières lignes de ses notes spirituelles sont pour Lourdes ; malade déjà, elle lève ses yeux vers cette Vierge immaculée qui, depuis plus d'un quart de siècle, montre par une suite ininterrompue de miracles la puissance de son intercession. Si sa guérison ne fut pas obtenue, c'est que Dieu jugeait le moment venu de récompenser celle qui à toutes ses vertus avait uni une si tendre dévotion envers sa sainte Mère.

Nous ne pouvons que mentionner ici les monuments que sa foi et sa piété ont laissés à Mulhouse. L'autel du Sacré-Cœur, le chemin de croix à Saint-Étienne, le maître-autel, le chemin de croix à Saint-Joseph, la nouvelle chapelle des sœurs de Niederbronn, construite après sa mort aux frais de

M. Miquey disent assez haut qu'elle aimait la beauté de la maison de Dieu. C'est cette dernière chapelle qui a reçu également le précieux tapis d'Aubusson et le lustre en cristal de son grand salon. A tous ces souvenirs, Mme Miquey voulut unir celui de la prière : une fondation à perpétuité de deux messes par semaine, l'une, à l'autel du Sacré-Cœur de Saint-Étienne, le vendredi ; l'autre, le mercredi, à l'église Saint-Joseph, continuera dans ces deux sanctuaires chers à son cœur ce ministère de la prière et de l'adoration auquel elle a été si fidèle pendant sa vie.

VII

VERTUS DE Mme MIQUEY (SUITE) — LA VIE DE FAMILLE — SES AMIS — SON AMOUR DU PROCHAIN — SA PIEUSE MORT

C'est le propre des âmes grandes et généreuses de savoir assigner à chacun de leurs devoirs sa place respective et de les remplir tous avec cette fidèle uniformité qui observe et respecte l'ordre établi par Dieu dans leur mutuelle dépendance. Après Dieu, c'est aux siens que Mme Miquey réservait la première place dans son cœur. La conformité des sentiments, l'union des cœurs, la même ardeur de zèle, de charité et surtout de foi avaient fondu ces âmes l'une dans l'autre; le même souffle les animait, les mêmes inspirations les guidaient.

Aussi longtemps que vécut la vénérable Mme Fillat, et sa carrière fut pleine de jours comme elle avait été pleine de mérites, c'est vers elle que, par déférence, tout convergeait. C'était un beau spectacle que de voir avec quel empressement et quelle soumission ses enfants s'en rapportaient à elle pour tout ce qui les concernait, eux et leur maison. Ils n'entreprenaient rien sans la consulter, s'étudiaient à suivre ses avis, faisaient disparaître leur autorité devant la sienne. Du reste celle qui était l'objet de tant de filiale vénération mettait le même soin à respecter l'individualité de sa fille et de son gendre; la paix et le bonheur furent ainsi autant le fruit des qualités naturelles que de la vertu et du détachement personnel. La mort de Mme Fillat (19 mars 1881) fit un grand vide autour de M. et de Mme Miquey; si leur douleur ne ressemblait en rien à celle qui n'est pas soutenue par l'espérance, elle sembla inaugurer pour eux l'âge des grands deuils et des suprêmes sacrifices des affections de la famille. C'est le dernier creuset dans lequel la miséricorde de Dieu épure les âmes.

L'Écriture sainte dit de la femme forte que « le cœur de son époux se repose sur elle ». Cette tendre et forte expression rend bien ce qu'était l'union entre M. et Mme Miquey. Le vénérable vieillard qui la pleure, et qui vit des souvenirs qu'elle lui a laissés, comprenait le grand don que Dieu lui avait fait en lui accordant une épouse selon son cœur. Il ne cesse de l'en remercier et de redire dans son cœur ce qu'il exprimait il y a quarante ans dans les lignes qu'on va lire :

« A Bourg (Ain), 2 février 1850[1].

« Mon Seigneur et mon Dieu, moi qui ne suis rien en présence de l'immensité de la création, pas même la valeur d'un grain de sable relativement à mon être, je me prosterne devant vous pour vous adorer et vous rendre hommage comme au souverain Maître de l'univers. Je reconnais que vous êtes la Vérité, la Puissance et la Sagesse infinies ; que dans votre grande bonté vous m'avez tiré du néant et créé une âme à votre image ; que dans cette vie, semée de tant de périls et de difficultés, vous m'avez donné la santé, la prospérité et surtout une femme bonne et vertueuse, élevée

[1] Au sortir d'un grand danger, en voyage.

dans la crainte de votre saint nom et dans la pratique de vos saints commandements pour faire mon bonheur sur cette terre.

« Je crois en vous, mon Dieu, comme en mon Père céleste, dont l'inépuisable miséricorde pardonne aux plus indignes lorsqu'ils recourent à vous. J'accepte de bon cœur toutes les dispositions qu'il vous plaira de prendre de moi pendant cette vie; je me mets, moi et ma famille, sous votre protection divine, dans laquelle j'ai toujours eu confiance et par laquelle je suis sorti heureusement de tant d'épreuves que vous m'avez envoyées pour me rendre meilleur.

« Mon Dieu, comme rien ne se fait sans votre volonté, que vous êtes l'arbitre suprême de tout, laissez-vous toucher par mon humble prière, accordez-moi la grâce que je sollicite d'être toujours satisfait de ce que vous me réserverez. Donnez-moi un cœur pur, afin que je me maintienne dans ma foi vive pour vous aimer au-dessus de toutes choses; donnez-moi l'esprit d'amour et de charité du prochain; continuez-moi le bonheur intérieur dont je jouis chez moi. Je vous supplie d'accorder une bonne et longue santé à ma femme et à mes autres parents; préservez-les de tout accident pendant mon absence, et accordez-moi la faveur d'un bon voyage.

« Enfin donnez-moi la grâce nécessaire pour faire mon salut, et lorsqu'il vous plaira de me rappeler de cette vallée passagère, faites qu'après avoir suivi les préceptes enseignés par Notre-Seigneur Jésus-Christ, votre Fils, et par les mérites de ses souffrances, j'obtienne une bonne mort et la félicité d'être, dans votre sein, réuni à ma femme, en cette vie l'objet de mes plus chères affections, et d'y retrouver aussi les parents que nous avons tant aimés ici-bas ! »

Cette belle et chrétienne prière fut exaucée. L'idéal du mariage chrétien se réalisait dans cette maison, où l'affection conjugale était basée sur l'amour de Dieu. M. Miquey avait revendiqué pour lui la partie la moins apparente des œuvres : il faisait les écritures et soignait la comptabilité ; tous les soirs, c'étaient de longues heures passées à revoir les listes des quêtes, à copier des adresses, à feuilleter les registres. Puis c'étaient les réunions du conseil de fabrique, du comité du cercle catholique, de la conférence de Saint-Vincent-de-Paul, de l'Institut des pauvres, qui l'absorbaient ; tant que ses forces le lui permirent, il ne se dispensait jamais d'y assister. Quelle joie au cercle quand il paraissait ! Il était de toutes les fêtes, de toutes les excursions ; nous l'avons vu, à soixante-dix-huit ans, monter avec les jeunes gens à Sainte-Odile, sans ressentir la moindre fatigue. C'est au retour de cette promenade que le cri : *Vive le parrain!* fut cause d'un quiproquo très alsacien dont on s'amusa beaucoup.

Pour rester dans la complète vérité, disons que le zèle de Mme Miquey donnait quelquefois de vives inquiétudes à son mari. Ce n'était pas tout à fait sans raison : dans sa charité, elle faisait trop abstraction d'elle-même, et plus d'une fois cela faillit lui devenir funeste. Un soir d'hiver, en allant visiter une pauvre femme malade, elle tomba dans une cave par une trappe laissée ouverte. Au bruit de sa chute on accourt et on la trouve étendue sur le sol ; heureusement elle n'avait aucun mal ; elle se releva, rajusta sa toilette et fit sa visite comme si rien ne lui était arrivé. Depuis ce moment, M. Miquey vivait dans des craintes perpétuelles; comme sa femme était la régularité même et qu'elle rentrait presque à heure fixe de ses visites de charité, il craignait quelque malheur chaque fois que ses occupations la retenaient plus longtemps. Il la grondait doucement et lui représentait les dangers auxquels elle s'exposait. La réponse était invariablement la même :

« Mais, mon bon ami, j'étais tout juste dans un quartier très éloigné, et j'ai voulu voir à cette occasion quelques familles pauvres qui y demeurent et qu'on m'avait depuis longtemps signalées ; du reste, est-ce que nous ne sommes pas toujours entre les mains de Dieu? »

La guerre avait dispersé les amis de Mme Miquey. Ceux qui étaient restés à

Mulhouse la trouvaient toujours avec son dévouement et son grand cœur. La lettre qu'on va lire montre avec quel abandon on pouvait lui confier les plus grandes douleurs ; dans la joie comme dans l'affliction, on allait tout naturellement à elle ; sa nature franche et expansive prenait part avec la même cordialité au bonheur comme à l'épreuve.

« Mardi, 18 septembre.

« CHÈRE ET BONNE AMIE,

« Je suis à genoux près d'elle, les larmes m'aveuglent et mon cœur se gonfle... Ses traits sont calmes, je l'appelle et il me semble qu'elle va se soulever pour me répondre. Mais non ! Tout est fini pour cette pauvre enfant de vingt-deux ans ! Il y a un an, la vie se présentait devant elle souriante ;

nous croyions qu'elle vivrait longtemps, heureuse, faisant le bien. Le bien, chère Madame, la vie ne devrait pas avoir d'autre but, c'est votre avis, car vous agissez selon ce précepte.

« La chère enfant, d'après ce que j'apprends, élevait de jour en jour ses sentiments. Elle s'occupait des pauvres et des malheureux, elle était généreuse pour eux; tout son entourage, ses serviteurs l'adoraient. Que ne pouvez-vous la voir étendue, calme, presque souriante au milieu des fleurs, entourée des emblèmes de notre sainte religion! Je l'aimais bien tendrement, cette chère fille, et, depuis son mariage, elle me manifestait de jour en jour une plus profonde tendresse et me l'exprimait dans chacune de ses lettres. Je ne vous dis rien de ma femme : si son cœur a été terriblement meurtri, elle a eu la consolation relative de se consacrer aux derniers moments de sa fille et de recevoir son dernier souffle : entre elles l'extrême tendresse était réciproque. C'est vers le ciel que se dirigent les regards de ma pauvre femme; là seulement est pour elle le secours. Nos larmes sont comme une source intarissable : quelle cruelle réalité que cette mort! Priez pour nous, chère Madame. . »

La charité compatissante de Mme Miquey se manifestait surtout dans ses rapports avec les indigents; elle l'exerçait avec une grande circonspection, toujours elle voulait se rendre compte par elle-même des besoins de ceux qui demandaient son assistance. Nous avons déjà dit combien les courses que ces visites à domicile lui occasionnaient la fatiguaient; elle aurait pu les rendre plus faciles, mais elle se refusait l'usage d'une voiture : « Avec le prix d'une voiture, disait-elle, je puis nourrir pendant une journée toute une famille pauvre. » Elle économisait de même le plus qu'elle pouvait sur sa toilette, afin de pouvoir donner plus largement.

Aussi tous les pauvres de la ville la connaissaient. Un jour qu'elle était sortie avec M. Miquey, un de ses protégés la salue en passant. M. Miquey, la voyant saluer à son tour, lui demande : « Qui est-ce que tu salues? — C'est une de mes connaissances. — Elle est jolie ta connaissance! » s'écria-t-il en riant, car au même moment il venait d'apercevoir un mendiant en haillons.

Peu lui importait que la pauvreté ou la maladie fussent repoussantes; elle se sentait même dans ce cas plus excitée à compatir. Une femme dont la figure était rongée par un cancer vint lui demander un onguent dont la recette lui avait été donnée par un ami, M. Royer, qu'elle préparait elle-même et qu'elle distribuait aux nécessiteux. Afin de se familiariser avec toutes les misères humaines et d'essayer de les soulager, elle soigna elle-même les plaies hideuses de cette malheureuse. Une autre fois, son mari la trouva dans l'antichambre pansant les plaies d'une femme déguenillée : « Je ne sais comment tu fais pour n'être pas dégoûtée, lui dit-il. — Mon bon ami, c'est bien simple, je me figure toujours que je donne des soins à Notre-Seigneur lui-même. »

Une fondation qui lui tenait à cœur et que d'insurmontables difficultés ne lui ont pas permis de réaliser, c'était un asile de vieillards, dirigé par les Petites-Sœurs des pauvres. A défaut de cette institution, elle multipliait ses démarches pour faire admettre ses protégés à l'Hospice civil ; quand ils pouvaient travailler encore, elle les recommandait aux directeurs des différents services municipaux.

En faisant du bien elle avait surtout en vue les âmes, Dieu seul sait combien sous ce rapport son apostolat a été fécond! Tantôt c'était le scandale d'un ménage irrégulier qu'elle faisait cesser, tantôt un malade indifférent et oublieux de ses devoirs religieux qu'elle disposait à se réconcilier avec Dieu; tantôt encore des enfants abandonnés ou exposés à perdre leur foi qu'elle recueillait et plaçait dans quelque asile. C'est pour sauver des âmes qu'elle dépensait sa vie.

La santé de Mme Miquey, déjà ébranlée par la longue maladie dont nous avons parlé, ne supportait que difficilement les fatigues inévitables d'une vie si bien occupée, et plusieurs fois elle fut très sérieusement compromise. Un séjour à Cauterets, en 1880, et un autre à la Bourboule, en 1882, produisirent une amélioration assez sensible, si bien que la dévouée zélatrice crut pouvoir se donner avec plus d'ardeur à ses œuvres. Quelques amis lui conseillaient bien de se ménager; nous avons même retrouvé une lettre qui l'y engage en termes très pressants, mais elle avait pour le repos une aversion insurmontable : « Me voyez-vous, disait-elle en riant, assise dans mon fauteuil au coin de mon feu? J'ai vraiment trop à faire, pour pouvoir songer même à rester dans l'inaction; je me reposerai dans la tombe. »

Cette heure de repos vint beaucoup trop tôt, hélas! Le 19 mars 1886, jour anniversaire de la mort de Mme Fillat, elle était allée, accompagnée de son mari, prier sur sa tombe. En sortant du cimetière, elle s'arrêta et dit : « J'aurais voulu demander au gardien où l'on ouvrira la première tombe dans notre concession. — Tu veux donc mourir? — Comme le bon Dieu voudra, » répondit-elle. La conversation en resta là, mais tout porte à croire qu'elle avait comme le pressentiment de sa mort prochaine.

Rentrée chez elle, elle prit à la hâte un léger repas, c'était un vendredi, et les dames de l'Ouvroir devaient se réunir après une heure; elle descendit, suivant son habitude; rien ne semblait annoncer que cette journée de travail serait la dernière qu'elle présiderait. Vers le soir cependant un frisson la prit et quand, après le départ des dames, elle remonta dans sa chambre, elle ne put s'empêcher de dire : « Je ne me sens pas très bien, mais ce ne sera rien. » Le soir même elle se rendit encore au sermon de la station de carême, et le lendemain elle assista au service anniversaire de sa mère. Mais, en sortant de l'église, elle se sentit tellement faible, qu'elle put à peine se traîner jusqu'à sa maison. Sa femme de chambre alarmée lui persuada de se mettre au lit, et le médecin, appelé en toute hâte, constata les premiers symptômes d'une pneumonie.

Les sœurs de Niederbronn vinrent s'installer à son chevet; elles acquittaient en la soignant une dette de cœur, et leur dévouement se surpassa, si tant est que ce dévouement admirable des religieuses puisse avoir des degrés! La patience et la résignation de la malade étaient un grand sujet d'édification pour ceux qui l'entouraient; une seule fois on l'entendit dire : « Ce n'est pas peu de chose d'être malade. » Mais cette parole encore était dictée par la charité, car aussitôt elle ajouta : « Si je guéris, je profiterai des enseignements que Dieu m'a donnés pendant ma maladie, pour m'occuper de ceux qui souffrent et qui ne peuvent, comme moi, être entourés de dévouement et d'affection. »

Après neuf jours d'angoisses, il y eut une première lueur d'espoir : la fièvre avait diminué d'intensité et les forces revenaient. Cette amélioration se maintint pendant plusieurs jours et tout danger paraissait conjuré. Le 7 avril, après midi, elle engagea son mari, qui ne l'avait pas quittée un seul instant, à prendre un peu de repos; il descendit dans le petit jardin attenant à la maison et s'y promena pendant quelques minutes. Lorsqu'il fut remonté dans la chambre de la malade, il la trouva endormie, et ce sommeil paraissait si calme et si réparateur, qu'on ne voulut la réveiller que pour lui faire prendre la potion prescrite par le médecin. A l'inertie des bras et à la perte de la connaissance, la religieuse présente s'aperçut qu'une attaque de paralysie était survenue.

Dès ce moment on vit qu'elle était perdue. M. le curé de Saint-Étienne, accouru à la première nouvelle de cette fâcheuse complication, ne put que lui donner l'absolution. Vers deux heures du matin elle recouvra sa connaissance pleine et entière : Dieu voulut sans doute récompenser et consoler par une dernière et suprême visite, celle qui avait tant fait pour sa gloire. M. Miquey lui ayant demandé si elle le reconnaissait, elle lui pressa affectueusement les mains en disant : « Oui, mon ami. » Le lendemain, 8 avril, M. le curé vint lui administrer les derniers sacrements, elle les reçut avec des transports de foi et de reconnaissance, pendant que son mari et les personnes de sa maison cachaient leurs larmes et étouffaient leurs sanglots pour ne pas troubler son recueillement. Quand le prêtre lui donna la bénédiction apostolique et lui demanda si elle était prête à faire à Dieu le sacrifice de sa vie, elle répondit par un signe de tête et un sourire. Peu d'instants après elle retomba dans une prostration complète, mais son âme ne cessait de s'occuper de Dieu et de rester unie à lui, ses lèvres murmuraient sans interruption : « Mon Dieu ! Mon Dieu ! » Ce cri de foi et d'amour devait la conduire jusqu'au seuil de l'éternité, car elle le répéta pendant toute son agonie, jusqu'au moment où un regard dirigé vers le ciel et un léger souffle annoncèrent qu'elle avait quitté cette terre pour aller recevoir l'éternelle récompense des élus. C'était le vendredi, 9 avril 1886, à une heure de l'après-midi ;

elle avait soixante-trois ans et deux mois.

Quand la fatale nouvelle fut connue en ville, elle y produisit une profonde stupeur, on n'osait y croire, tant cette perte prenait les proportions d'un deuil public. Les pauvres, les malheureux dont elle avait été la mère, vinrent défiler devant la dépouille mortelle, calme et souriante comme si un rayon du ciel l'avait déjà transfigurée. Des milliers de personnes se succédèrent dans ce salon transformé en chapelle ardente, et leurs larmes faisaient éloquemment l'éloge de celle dont elles contemplaient pour la dernière fois les traits.

Ses obsèques prirent le caractère d'un vrai triomphe de la vertu et de la charité. Mgr l'évêque de Strasbourg s'y fit représenter; la ville entière y participa, en première ligne les œuvres nombreuses auxquelles elle avait consacré sa vie : « Notre cité reconnaissante, dit M. le curé de Saint-Étienne, se souviendra longtemps de Mme Miquey et de sa charité. Elle a su improviser pour honorer la vénérée défunte un cortège funèbre tel que nous n'en avons jamais vu; un cortège immense où étaient confondus tous les rangs et toutes les conditions; un cortège escorté par trente mille personnes émues, profondément respectueuses, donnant à celle dont le cercueil couvert de fleurs passait une prière, un éloge, une larme. »

Le Journal du cercle catholique se fit l'écho de la reconnaissance publique dans l'article suivant :

« C'est le cœur rempli d'une pieuse émotion et les yeux pleins de larmes que nous venons d'accompagner à sa dernière demeure celle qui fut au delà d'un quart de siècle une véritable providence au milieu de notre population ouvrière. Mme Miquey a été appelée par Dieu quand nous pensions la conserver encore durant de longues années pour continuer et achever les œuvres qu'elle avait fondées dans notre cité. Et cependant devant cette tombe prématurément ouverte, nous ne pouvons que nous écrier : « Heureux ceux qui meurent dans le « Seigneur ! » Une ville tout entière plongée dans le deuil, une éclatante protestation d'amour et de reconnaissance, une magnifique manifestation de foi et de dévouement, un immense cortège dans lequel riches et pauvres confondus exaltent à l'envi les vertus de la défunte, tout cela ressemble plus à un triomphe qu'à une marche funèbre. C'est la voix de tout un peuple rendant un solennel hommage aux prodiges de charité qu'il a vu s'accomplir sous ses yeux.

« En présence de cette manifestation toute spontanée, nous nous sommes rappelé cette parole de l'Écriture : « Ta « charité te méritera la reconnaissance des « vivants, » et nous avons cru voir devant nos yeux le portrait de la femme selon le cœur de Dieu tel que nous le trouvons dans les Livres saints...

« Nous ne pouvons ici élever notre voix que pour exprimer à la chère défunte notre immortelle reconnaissance.

« Mme Miquey a été, durant quinze ans, l'âme de notre œuvre de jeunesse ; elle a su, avec un tact infini et une admirable charité, relever nos jeunes gens jusqu'à elle et déposer dans ces cœurs quelque chose de la flamme sacrée qui remplissait son âme. Elle comprenait que si « l'encens et « les parfums réjouissent le cœur, les « conseils d'un ami sont les délices de

« l'âme ». Elle était l'amie de nos jeunes gens, et auprès d'elle nous sentions que « le cœur du sage instruit sa bouche, « qu'une bonne parole est un rayon de « miel, la douceur de l'âme et la santé du « corps ».

« Aussi bien, autour de ce cercueil si magnifiquement orné par la reconnaissance publique, « ses fils se sont levés et l'ont « proclamée bienheureuse; son mari aussi « il l'a louée. » Sans doute nous ne serons plus réunis dans ses salons, où nous, fils et enfants d'ouvriers, nous passions tous les mois des soirées d'une si douce intimité; sans doute nous ne la verrons plus dans nos fêtes, toujours empressée et toujour affectueuse, applaudissant à nos efforts et nous encourageant de son sourire et de ses paroles; sans doute elle ne sera plus au chevet de nos malades, comme l'ange de la consolation et de la charité; sans doute nous redirons plus d'une fois : Notre grande bienfaitrice n'est plus là pour déverser sur nous les trésors de sa bonté, mais nous répéterons souvent aussi : « Elle était nôtre « pendant sa vie ; elle le sera après sa « mort, et nous la reconnaîtrons pour telle « dans la patrie... »

« Il nous reste un grand devoir à remplir, consoler celui que nous appelons tous notre *parrain;* celui qui, durant ces jours de deuil, arrachait des larmes à nos yeux, et qui, malgré ses quatre-vingts ans, veut rester au milieu de nous pour nous rappeler l'impérissable souvenir de celle qui fut notre mère. Nous saurons nous grouper autour de lui plus nombreux et plus affectueux et tresser autour de sa verte vieillesse une couronne d'honneur! »

Dans l'*Ange de l'orphelin*, le R. P. Joseph

rappela en termes émus cette belle et noble carrière :

« Digne émule des saintes Élisabeth, Françoise Romaine et Jeanne de Chantal, il n'est pas une douleur morale ou physique à laquelle cette vaillante âme ne se soit pas consacrée. Riche selon le monde par la fortune, et selon Dieu par une foi qui transporte les montagnes, sa vie a été une immolation de trente années à la cause de Dieu, des pauvres et des âmes; se dépouillant de tout et d'elle-même, elle s'est dépensée goutte à goutte jusqu'à extinction de ses forces sur le champ de bataille de la souffrance où son inépuisable charité n'a cessé de lutter contre des misères sans nom. Pendant l'effroyable guerre de 1870-1871 où notre pauvre Alsace a été si cruellement frappée, jour et nuit, pendant six mois, malgré une frêle santé, dans la glace et la neige, à la tête d'une phalange de femmes généreuses qu'elle ralliait à sa suite, c'est par milliers qu'elle a sauvé les soldats blessés et prisonniers de la France, imposant le respect à l'ennemi lui-même par les grandeurs de son dévouement. Après l'annexion, au lieu de chercher un repos légitime, elle demeura au poste du sacrifice : orphelinats pour les garçons et pour les filles, mesures de préservation pour les filles perdues ou exposées, visite des pauvres, des malades à domicile et dans les hôpitaux, allant au secours du malheur dans tous les repaires de la pauvreté et du vice, partout où nulle autre ait pénétré; vestiaire pour tous les malheureux, œuvre des vocations ecclésiastiques, rien n'échappait à son zèle dévorant. Que n'a-t-elle pas fait pour exalter le culte divin dans les églises de Mulhouse, qui montrent avec fierté les monuments de sa religion? Une œuvre enfin qui eût suffi pour ennoblir une carrière a été le couronnement de sa vie par la part prépondérante qu'elle y a prise, tant sa charité embrassait tous les horizons : nous voulons parler du cercle catholique de cette ville, composé de six cents jeunes gens qui la pleurent aujourd'hui comme une mère; la sainteté de sa vie et ses œuvres tiennent du prodige, et il ne serait pas étonnant que Dieu fit des miraclés sur sa tombe... »

L'éloquent missionnaire exprime tout haut ce que nous n'avons cessé de penser en écrivant cette vie. Puissent ces pages autoriser et justifier cette parole! Puissent-elles conserver au milieu de nous le souvenir de cette femme de bien qui a mérité si pieusement cet éloge de l'Écriture : « Trompeuse est la grâce et vaine est la beauté : la femme qui craint le Seigneur est celle qui sera louée; qu'elle jouisse du fruit de ses travaux, ses propres œuvres la louent dans l'assemblée des juges. » (*Prov.*, XXXI, 31.)

FIN

TABLE

21633. — Tours, impr. Mame.

A LA MÊME LIBRAIRIE

LE

POUVOIR TEMPOREL DU PAPE
ET LE DROIT MODERNE

PAR

L'ABBÉ J. WAGNER

DOCTEUR EN THÉOLOGIE

2e édition. — 1 volume in-8e de 104 pages. 1 fr. 25

LE

SOCIALISME INTERNATIONAL

COUP D'ŒIL
SUR LE MOUVEMENT SOCIALISTE
DE 1885 A 1890

PAR

L'ABBÉ WINTERER

DÉPUTÉ D'ALSACE-LORRAINE AU PARLEMENT ALLEMAND

1 volume de 304 pages. 3 fr. 50

21736. — Tours, impr. Mame.

www.ingramcontent.com/pod-product-compliance
Ingram Content Group UK Ltd.
Pitfield, Milton Keynes, MK11 3LW, UK
UKHW022100260726
13993UKWH00001B/228

9 782329 246048